모든 사람에게 가장 중요한 메시지 가장 중요한 일

영혼 구원

김 진 호 지음

믿음의말씀사

영혼 구원

발행일 2017. 4. 22 1판 1쇄 발행
       2019. 6. 17 1판 2쇄 발행
지은이 김진호
발행인 최순애
발행처 믿음의말씀사
2000. 8. 14 등록 제 68호
(우) 16934 경기도 용인시 기흥구 신정로 301번길 59
Tel. 031) 8005-5483/5493 Fax. 031) 8005-5485
http://faithbook.kr

ISBN 89-94901-72-8 03230
값 8,000원

* 본 저작물의 저작권은 '믿음의말씀사'가 소유합니다.
  저작권법에 의해 보호를 받는 저작물이므로 무단 전재와 복제를 금합니다.
* 이 책에 인용된 성경 구절은 대한성서공회 개역개정판을 사용하였으며,
  예외의 경우에는 따로 표기하였습니다.

목차

제1장   영혼 구원의 전제들 _ 5

제2장   우리는 영혼 구원자이다 _ 25

제3장   영혼 구원자의 사명 _ 59

제4장   영혼 구원자의 훈련 _ 81

제5장   영혼 구원자의 확신 _ 103

제6장   우리는 전시에 살고 있다 _ 125

요약 _ 148

제 1 장

영혼 구원의 전제들

"전도"는 복음을 전하는 것이며 preaching the gospel, "영혼 구원 soul winning"은 복음을 전하여 들은 사람이 "예수 그리스도를 주와 그리스도"로 영접하도록 하는 것입니다. 그리스도인은 영적으로 성장하며 훈련을 받음으로써 그리스도의 제자가 됩니다. 제자는 주님으로부터 보냄을 받은 곳인 자신의 삶의 영역에서 그리스도의 대사로서 주님이 말씀하신 "풍성한 삶", "열매를 더 많이 맺는 가지", "이보다 더한 일도 하는 사람"으로 살 수 있습니다. 전도는 이 과정의 시작을 말합니다. 즉 복음을 전하여 예수를 구원자와 주님으로 영접하고 침례를 받는 첫 과정을 말합니다.

그리스도를 모르는 사람들에게 예수님이 누구인지 소개하고 예수님을 자신의 구원자와 주님으로 영접해서 구원을 받도록 하려면 정확한 복음을 전할 수 있어야 합니다. "전도 폭발 훈련(제임스 케네디)", "새 생명 훈련(CCC)", "다리 예화 전도(네비게이토)", "글 없는 그림책(어린이 전도협회)" 같은 어린이를 위한 전도지, 문맹 사회 사람들을 위한 "예수" 영화 등을 통해 지난 반세기는 복음을 단순하게 전하는 탁월한 방법을 통해 수많은 영혼을 구원하였습니다.

전도의 도구는 앞으로 더 좋은 것이 나오겠지만 여전히 가장 중요한 것은 복음을 전해야 하는 이유와 복음을 전하는 방법을 잘 배우고, 실제로 훈련을 받고 직접 복음을 전하여 영혼을 구원하는 경험을 하는 것입니다. 전도자는 먼저 전도에 대한 가장 기본적인 진리를 알고 확신을 가지고 있어야 합니다.

전도의 전제들

1. 더 낮은 차원의 이유, 목적, 방향, 길과 실패한 원리들을 따라 사는 사람들이 존재하고, 그들은 더 높은 차원의 진리와 삶을 찾기를 갈망한다

복 있는 사람은 악인들의 꾀를 따르지 아니하며 죄인들의 길에

서지 아니하며 오만한 자들의 자리에 앉지 아니하고 오직 여호와의 율법을 즐거워하여 그의 율법을 주야로 묵상하는도다 그는 시냇가에 심은 나무가 철을 따라 열매를 맺으며 그 잎사귀가 마르지 아니함 같으니 그가 하는 모든 일이 다 형통하리로다

시 1:1-3

하나님께서 우리에게 예정하신 삶은 아름답고 복된 최고의 삶입니다. 그러나 예수를 믿지 않는 사람들은 이 진리를 알지 못하기 때문에, 하나님의 생명과 삶과는 무관한 낮은 차원의 이유, 목적, 방향, 길과 원리로 살아갈 수밖에 없습니다. 예수님께서는 "내가 곧 길이요 진리요 생명이니"(요 14:6)라고 하셨습니다. 성경은 그리스도 밖에 있는 사람의 삶의 본질을 이렇게 묘사했습니다.

그는 허물과 죄로 죽었던 너희를 살리셨도다 그 때에 너희는 그 가운데서 행하여 이 세상 풍조를 따르고 공중의 권세 잡은 자를 따랐으니 곧 지금 불순종의 아들들 가운데서 역사하는 영이라 전에는 우리도 다 그 가운데서 우리 육체의 욕심을 따라 지내며 육체와 마음의 원하는 것을 하여 다른 이들과 같이 본질상 진노의 자녀이었더니

엡 2:1-3

구원받기 전에 우리는 허물과 죄 때문에 죽은 사람이었습니다. 그리스도의 생명을 받아들이지 않으면 영적으로 죽은 존재입니다. 하나님의 생명에서 분리되어 영생이 없는 자입니다. 그러나 구원을 받으면 하나님의 생명을 받아 영적으로 다시 산 자로 태어나게 됩니다.

"그 가운데 행한다"는 말은 영적으로 죽은 사람으로 산다는 말입니다. "이 세상 풍조를 따른다"는 말은 이 세대의 문화와 세상의 가치관을 따라 산다는 말입니다. "공중의 권세 잡은 자를 따랐다"는 말은 마귀를 따른다는 말입니다. "불순종의 아들 가운데 역사하는 영"은 하나님을 거역하고 대적하는 영입니다. 세상에서는 도덕적인 기준으로 "법 없이도 살 사람이다", "천사 같다"라는 표현들을 쓰지만 성경은 거듭나지 않은 모든 사람을 "본질상 진노의 자녀"라고 했습니다. 즉 죄인으로 태어나 죄를 짓고 사는 죄인의 본성은 불순종입니다.

그는 죄인이므로 죄의 형벌이 기다리는 저주 안에 살고 있고 이 저주에서 스스로 빠져나올 방법은 없습니다. 이것이 성경이 말하고 있는 불신자의 상태입니다. 본인은 이 사실을 알지 못하고 인정하지 않는다 하더라도 이것이 실재입니다. 그들은 자신이 어떤 존재인지, 이 땅에서 사는 이유가 무엇인지, 삶의 목적과 방향을 모르므로 당연히 그 길과 원리들도 알지 못합니다.

> 그러므로 생각하라 너희는 그 때에 육체로는 이방인이요 손으로 육체에 행한 할례를 받은 무리라 칭하는 자들로부터 할례를 받지 않은 무리라 칭함을 받는 자들이라 그 때에 너희는 그리스도 밖에 있었고 이스라엘 나라 밖의 사람이라 약속의 언약들에 대하여는 외인이요 세상에서 소망이 없고 하나님도 없는 자이더니 이제는 전에 멀리 있던 너희가 그리스도 예수 안에서 그리스도의 피로 가까워졌느니라　　　　　　엡 2:11-13

또 유대인의 입장에서 보면 유대인이 아닌 모든 사람은 전부 "할례를 받지 않은 무리"로서 이스라엘 나라 밖의 사람이므로 약속의 언약들에 대하여는 외인이었습니다. 하나님의 언약 밖에 있는 사람들은 모두 "세상에서 소망이 없고 하나님도 없는 자"라고 불신자의 상태를 정의합니다. 불신자가 가지고 있는 소망은 모두 헛된 것일 뿐입니다. 해 아래서 수고하는 모든 수고가 다 헛된 것입니다. 죽음으로 모든 소망도 세상에서의 차별도 다 끝나는 것입니다. 이들은 더 나은 삶, 진리의 길, 생명의 길을 찾아 방황하다가 인생을 마칩니다.

2. 그들은 이 복음을 듣고 변화하기로 결심할 만큼 이해할 수 있는 지성과 자원하는 의지를 가지고 있다

> 누구든지 주의 이름을 부르는 자는 구원을 받으리라 그런즉 그들이 믿지 아니하는 이를 어찌 부르리요 듣지도 못한 이를 어찌 믿으리요 전파하는 자가 없이 어찌 들으리요 보내심을 받지 아니하였으면 어찌 전파하리요 기록된 바 아름답도다 좋은 소식을 전하는 자들의 발이여 함과 같으니라   롬 10:13-15

사람은 누구나 복음을 듣고 변화하기로 결심할 만큼 이해할 수 있는 지성과 자원하는 의지를 가지고 있습니다. "누구든지 주의 이름을 부르는 자는 구원을 얻으리라." 주님의 이름을 부를 수 있도록 먼저 믿는 자들이 해야 할 수고가 복음 전파요 전도입니다. 먼저 구원받은 사람들 가운데 누군가가 이 복음을 전해야 합니다. 그래야 그들이 들을 수 있고 믿을 수 있고, 주의 이름을 부름으로써 구원을 받을 수 있기 때문입니다. 복음을 듣고 이해하고 자원할 수 있는 지성과 의지가 그들에게 있기 때문에 영혼 구원이 가능합니다.

3. 그들은 더 좋은 삶을 살기 원한다

모든 사람은 더 나은 삶을 살기 원합니다. 예수님께서 말씀하신 "생명을 얻되 더 풍성히 얻는 삶"(요 10:10)이 있습니다. 각 사람에게는 하나님께서 그리스도를 통하여 예비해 놓으신 최고의 삶이 있습니다. 이것을 부정한다면 그들의 삶은 그 지식에 제한될 수밖에 없습니다. 예수 그리스도와 복음을 알지 못하면 인생의 소망도 영원한 생명도 사후의 천국의 삶도 없습니다.

바울은 자신의 삶의 목적을 이렇게 고백하고 있습니다.

> 전제와 같이 내가 벌써 부어지고 나의 떠날 시각이 가까웠도다 나는 선한 싸움을 싸우고 나의 달려갈 길을 다 마치고 믿음을 지켰으니 이제 후로는 나를 위하여 의의 면류관이 예비되었으므로 주 곧 의로우신 재판장이 그 날에 내게 주실 것이며 내게만 아니라 주의 나타나심을 사모하는 모든 자에게도니라
>
> 딤후 4:6-8

바울이 죽음을 앞두고 인생의 마지막 순간에 제자들에게 한 말입니다. "나는 선한 싸움을 싸우고 나의 달려갈 길을

마치고 믿음을 지켰으니." 이렇게 확신에 찬 인생의 회고가 또 있을까요? 모든 그리스도인은 다른 사람과 비교하거나 경쟁하지 말고 하나님의 부르심을 따라 자신의 길을 달리는 삶을 살아야 합니다. 바울은 자신의 길을 완주했기 때문에 의의 면류관이 예비되어 있다고 확신했습니다.

> 형제들아 나는 아직 내가 잡은 줄로 여기지 아니하고 오직 한 일 즉 뒤에 있는 것은 잊어버리고 앞에 있는 것을 잡으려고 푯대를 향하여 그리스도 예수 안에서 하나님이 위에서 부르신 부름의 상을 위하여 달려가노라 빌 3:13-14

바울이 발견한 삶은 "하나님이 위에서 부르신 부름의 상"을 바라보며 달리는 것이었습니다. 마침내 그는 흔들림 없이 그 경주를 끝냈습니다. 바울과 같이 면류관을 바라보는 사람은 주님이 그에게 예비하신 최고의 삶, 가장 아름답고 풍성한 삶을 살 수 있습니다. 이와 같은 삶이 있다는 사실을 알기만 한다면 모든 사람은 이런 최고의 삶을 살기 원할 것입니다.

이런 삶을 원하지 않는 이유는 이런 삶이 있다는 것을 모르기 때문입니다. 알지 못하는 것을 원할 수는 없습니다. 또 다른 이유는 영적 소경이므로 볼 수 없기 때문입니다. 마음의 눈이

어두워지면 영적인 세계를 볼 수 없습니다. 육신의 정욕과 안목의 정욕, 이 세상의 자랑거리에 마음을 빼앗겼기 때문입니다. 마지막으로는 교육과 문화를 통해 단체적으로 속기 때문입니다. 많은 사람들이 자신이 속한 가정과 사회의 영향을 받습니다. 사탄은 세상의 문화와 전통을 이용하여 속임으로써 사람들이 그리스도의 복음을 듣고 믿지 못하게 합니다.

그리스도인이 이 땅에 사는 이유는 바울과 같이 달려가야 할 길이 남아 있기 때문입니다. 그 길은 각 사람에게 최고의 삶이자 풍성한 삶이며 영혼 구원을 통해 하나님의 나라를 확장하는 하나의 목적을 가지고 있습니다. 하나님이 주신 은사와 부르심에 따라 각 사람은 주님의 몸인 교회의 지체로 기능하면서 영혼을 구원하여 제자로 삼는 제자의 삶을 살도록 사명을 받았습니다.

개인의 기량을 겨루는 스포츠 선수들은 다른 선수와 실력을 겨루지만 요건은 자신의 기록을 갱신하는 것입니다. 그리스도인은 그리스도께서 구원하시고 은사를 주시고 부르셨기 때문에 그분의 부르심의 상을 목표로 달려갈 뿐입니다. 다만 어제보다 오늘이 오늘보다 내일이 더 나아지도록 전진할 때에 그 목표를 이룰 것입니다.

4. 전도자는 "더 좋은 삶과 그 삶의 길에 대한 정보"를 가지고 있다

우리에게는 "더 좋은 삶"에 대한 그림이 있습니다. 성경에는 더 좋은 삶에 대한 정보가 있고 성령님은 그 삶의 길로 안내하시는 분이며 예수님은 최고의 삶을 보여 주셨습니다. 우리는 사람들에게 필요한 진리를 알고 있기 때문에 그들에게 예수 그리스도를 소개할 수 있습니다. 어떤 사람은 성경을 잘 몰라서 전도를 못하겠다고 합니다. 복음을 전하기 위해 성경 전체를 잘 알아야 하는 것은 아닙니다. 초대 교회의 성도들은 대부분 성경을 가지고 있지 않았지만 한 세대 만에 자신이 알고 있는 모든 사람들에게 복음을 전했습니다. 예수 그리스도와 복음을 알았다면 누구나 다른 영혼을 구원할 수 있습니다. 우리는 단지 안내자, 판매원, 사용자의 역할을 하면 됩니다. 영업사원들은 자신이 파는 상품에 대해 잘 알고 품질에 대한 확신을 가지고 있으며, 사람들에게 그 상품이 어떤 유익을 주는지 잘 설명할 수 있으면 그것으로 충분합니다. 상품의 설계자나 발명가처럼 원리를 이해하고 고장 나면 고칠 수 있는 기술까지 필요하지 않습니다. 그리스도인은 유일한 구원의 길이요, 진리요, 생명이신 예수 그리스도의 복음을 전하는 사람입니다.

영혼 구원은 우리의 힘과 능력으로 하는 것이 아닙니다. 성령께서 영혼을 준비시키시고 갈급한 영혼에게 복음이 받아들여집니다. 그러므로 우리는 염려하거나 낙심하지 말고 담대히 복음을 전해야 합니다. 영혼 구원은 어려워 보이지만 사실은 가장 쉽습니다. 우리는 예수님을 소개하는 간단한 방법만 알면 되고 나머지는 성령의 역사에 맡기면 됩니다. 앞에서 살펴본 로마서 10:13-15의 말씀대로 보냄을 받은 사람이 가서 예수님을 전하면 그 말씀을 듣고 주의 이름을 부르는 자가 구원을 얻습니다.

5. 그들은 도덕적 결정을 자유롭게 할 수 있는 존재로서 스스로 선택할 권리가 있다

그들은 도덕적 결정을 자유롭게 할 수 있는 존재로서 스스로 선택할 권리가 있습니다. 그들은 "예" 혹은 "아니오"라고 선택할 권리가 있습니다. 하나님께서는 예수 그리스도를 통하여 하실 일을 다 하셨습니다. 전도자가 이 복음을 전했다면, 이제 구원은 복음을 들은 그 사람에게 달려있습니다. 이 복음을 듣고 믿어 예수 그리스도를 구원자와 주님으로 모셔 들이는 것은 각 사람의 선택에 달려있습니다.

전도자의 개인적인 확신

우리가 만일 미쳤어도 하나님을 위한 것이요 정신이 온전하여도 너희를 위한 것이니 그리스도의 사랑이 우리를 강권하시는도다. 우리가 생각하건대 한 사람이 모든 사람을 대신하여 죽었은즉 모든 사람이 죽은 것이라. 그가 모든 사람을 대신하여 죽으심은 살아 있는 자들로 하여금 다시는 그들 자신을 위하여 살지 않고 오직 그들을 대신하여 죽었다가 다시 살아나신 이를 위하여 살게 하려 함이라. 그러므로 우리가 이제부터는 어떤 사람도 육신을 따라 알지 아니하노라. 비록 우리가 그리스도도 육신을 따라 알았으나 이제부터는 그같이 알지 아니하노라. 그런즉 누구든지 그리스도 안에 있으면 새로운 피조물이라. 이전 것은 지나갔으니 보라 새 것이 되었도다. 모든 것이 하나님께로서 났으며 그가 그리스도로 말미암아 우리를 자기와 화목하게 하시고 또 우리에게 화목하게 하는 직분을 주셨으니 곧 하나님께서 그리스도 안에 계시사 세상을 자기와 화목하게 하시며 그들의 죄를 그들에게 돌리지 아니하시고 화목하게 하는 말씀을 우리에게 부탁하셨느니라. 그러므로 우리가 그리스도를 대신하여 사신이 되어 하나님이 우리를 통하여 너희를 권면하시는 것 같이 그리스도를 대신하여 간청하노니 너희는 하나님과 화목하라. 하나님이 죄를 알지도 못하신 이를 우리를 대신하여 죄로 삼으신 것은 우리로 하여금 그 안에서 하나님의 의가 되게 하려 하심이라. 고후 5:13-21

하나님의 사랑의 계획

예수님은 자신이 "내가 곧 생명의 떡"(요 6:48)이라고 하셨습니다. "그 안에 생명이 있었으니 이 생명은 사람들의 빛이라"(요 1:4). 오직 예수 그리스도 안에만 하나님의 생명이 있습니다. 예수님은 자신 안에 있는 이 하나님의 생명을 모든 사람에게 주시려고 오셨습니다. "하늘에서 내려온 살아있는 떡이니 사람이 이 떡을 먹으면 영생하리라"(요 6:51). 육체가 음식을 필요로 하듯이 사람은 빵만이 아니라 하나님의 말씀으로 다시 태어나야 합니다. 거듭나지 않은 모든 사람들은 마귀의 종입니다. "너희는 아비 마귀에게서 났으니 너희 아비의 욕심을 행하고자 하느니라"(요 8:44). 성경에 의하면 불신자들은 마귀의 자식으로서 영적으로는 하나님의 생명이 없는 죽은 자입니다. 불쾌하게 들릴 수 있는 말이지만 이것이 진리입니다. 의사가 환자에게 정확한 상태를 알려주는 것이 의사로서의 도리인 것과 마찬가지입니다. 그런데 우리는 진단만 할 수 있는 것이 아니라 치료약을 가지고 있습니다. 복음은 "모든 사람에게 구원을 주시는 능력이 되는 기쁜 소식"입니다.

화목하게 하는 메시지 : "아담 안에서 그리스도 안으로"

구원받기 전에는 죄인이므로 죄의 삯인 사망 가운데에서 자기 욕심을 따라 사는 존재였습니다. 그러므로 하나님과 분리되어 본질상 진노의 자녀이며 마귀의 종으로 살아갑니다. 하나님과 화목할 수 없는 상태입니다. 죄인은 죄를 지었기 때문에 죄의 값을 지불해야만 하나님과 화목할 수 있습니다. 죽어야 마땅한 죄인을 위해 하나님의 아들을 보내셔서 화목제물로 삼으셨습니다. 하나님께서는 그와 같은 사랑으로 우리와 하나님의 관계를 완전하게 회복시키셨습니다. 이제 우리가 더 이상 죄인이 아닌 의인으로서 하나님 앞에서 아무 열등감이나 죄책감 없는 사랑받는 자녀로 살아갈 수 있는 길을 열어 놓으신 것입니다.

"죄 값은 지불되었으니 당신은 저주 받을 이유가 없습니다. 당신에게는 하나님께서 예비하신 최고의 삶이 기다리고 있습니다." 하나님께서는 이와 같은 "화목하게 하는 말씀"을 전하라고 부탁하셨습니다. 우리는 그들에게 "하나님께서 죄를 알지도 못하는 예수님을 당신을 대신하여 죄로 삼으셔서 죄 값을 다 지불하셨습니다. 그래서 이제 당신이 예수님을 믿으면 하나님 앞에서 의인이 될 수 있고, 하나님을 아바 아버지라고 부를 수 있습니다. 당신의 죄의 문제는 모두 해결되었습니다. 하나님은 당신의 아버지시고 당신을 사랑하십니다. 앞으로 영원토록 당신과 함께 하시고 당신을 도와주시고 천국에서 당신을 기다릴 것입니다."라고 말할 수 있습니다. 이와 같이 새로운 피조물이 할 일은 화목하게 하는 메시지, 하나님의 사랑을 전하는 것뿐입니다.

대부분의 사람들은 죄인의 자아상을 가지고 있고 죄의식 가운데 살기 때문에 하나님 앞에 서는 것을 두려워합니다. 그래서 병이 들거나 자동차 사고가 나거나 여러 가지 어려움이 생기면 '내가 무엇을 잘못해서 하나님께 벌을 받았나보다.'라고 막연하게 종교적인 생각을 하기도 합니다. 종교적인 그리스도인들은 불신자들과 똑같은 두려움과 죄의식을 가지고 살아갑니다. 이들은 예배를 드릴 때는 회중 기도를 통하여, 개인적으로 기도할 때는 회개의 기도를 습관적으로 하게 됩니다. 회개할 일이 있으면 당연히 회개해야 하겠지만 늘 이렇게 죄의식에 빠져 사는 것은 하나님의 뜻이 전혀 아닙니다. 하나님께서는 우리와 화목하기를 원하셔서 우리의 죄 값을 대신 지불하실 정도로 우리를 사랑하시는 우리의 아버지입니다.

이런 두려움을 가지고 있는 사람들에게 우리는 확신을 가지고 이렇게 말할 수 있습니다. "하나님께서는 당신을 사랑하십니다. 당신을 너무도 사랑하셔서 당신의 영혼을 구원하기 위해 2천 년 전에 아들 예수를 보내셔서 십자가에서 죽고 다시 부활하게 하셨습니다. 하나님은 당신에게 화가 나 계시거나 당신을 미워하지 않으십니다. 하나님께서 당신을 사랑하십니다. 당신이 그분을 아버지라 부르며 그 품에 안기기를 원하십니다. 이 복음을 전하기 위해 오늘 저를 당신에게 보내셨습니다."

화목하게 하는 직분 :
"그리스도를 대신하는 하나님의 나라의 대사"

기쁜 소식을 듣고 구원받은 우리는 하나님과 화목하게 되었고 또 화목하게 하는 직분을 받았습니다. 하나님께서 먼저 그리스도 안에서 우리와 화목하시고 바로 이 기쁜 소식을 전하는 그 일을 우리에게 부탁하셨습니다.

"그러므로 우리가 그리스도를 대신하여 사신이 되어 하나님이 우리를 통하여 너희를 권면하시는 것 같이 그리스도를 대신하여 간청하노니 너희는 하나님과 화목하라"(고후 5:20). 우리가 "그리스도를 대신하여 사신이 되어" 즉 "그리스도의 대사"라고 했습니다. "그리스도를 대신한다"는 것은 얼마나 대단한 신분입니까? 하나님께서 그분의 형상을 따라 우리를 지으셨고 우리는 이 세상을 다스리고 누립니다. 우리가 예수님을 영접할 때 하나님은 우리가 주님의 형상을 따라 온전하게 예수님을 대신할 수 있는 존재로 새롭게 창조하셨습니다. 우리의 정체성이 그리스도의 대사이기 때문에 "하나님이 우리를 통하여 너희를 권면하시는 것 같이" 우리 자신을 의식하는 것은 매우 중요합니다. 즉 "지금 이 순간 하나님께서 나를 통하여 이 사람을 권면하고 있다"는 확신을 가지고서 전도하는 것입니다.

하나님은 하늘나라에 계시고 부활하신 예수 그리스도는 하나님의 보좌 우편에 계십니다. 이 땅에서는 우리가 그리스도를 대신하는 자들입니다. 그러므로 우리가 기도하고 있는 사람은 우리가 없으면 구원받을 수 없습니다. 그들을 위해 하나님께서 우리를 그들에게 보내셨기 때문입니다. "나는 하나님의 유일한 대안이다." 이것을 분명히 아십시오. 전도는 내가 그리스도를 대신하는 유일한 대안으로서 그들에게 복음을 전함으로 그리스도의 구원이 그 사람들에게 효과를 발휘하게 하는 유일한 순간을 만드는 것입니다.

저는 비행기를 탈 때 제가 그리스도의 대사라는 것을 실감하고 전도의 기회로 삼곤 합니다. 대부분 장거리 비행을 하기 때문에 일거리를 잔뜩 가지고 갑니다. 주로 교정할 원고와 읽을 것들입니다. 긴 시간 비행을 하다 보면 성경을 꺼내 읽을 일도 생기고 식사기도를 할 기회도 있습니다. 계속 기도하는 마음으로 그럴 때마다 가만히 옆 사람의 반응을 살핍니다. 그러면 그가 예수를 믿는 사람인지 예수를 믿는 것을 싫어하는 사람인지 아니면 과거에 교회를 다니다가 그만둔 사람인지 여러 가지 경우를 짐작할 수 있습니다. 제가 성경을 읽고 기도하는 모습을 호의적으로 바라보는 사람에게는 "예수 믿으십니까?"하고 물어봅니다.

과거에 잘 믿었던 사람이거나 지금도 잘 믿고 있는 사람 혹은 예수에 대해 관심이 있는 사람인 경우에는 "저는 지금 선교여행 가는 길입니다."라고 말하며 저를 먼저 소개하고 자연스럽게 대화를 시작합니다. 그러나 어떤 분들은 아주 불쾌해하거나 냉정한 모습을 보이기도 합니다. 마음이 닫혀 있는 사람들입니다. 그럴 경우에는 특별한 성령의 인도가 없으면 그냥 제 할 일을 하면서 시간을 보냅니다.

물론 천재일우千載一遇의 기회이므로 꼭 복음을 전해야겠다는 부담이 오면 어떻게든지 복음을 전할 기회를 마련하려고 노력해야겠지만, 전도는 무엇보다도 하나님께서 준비해 놓은 영혼을 알아보고 찾으려는 노력이 중요합니다. 준비되어 있는 사람이라고 생각되면 담대하게 복음을 전합니다.

"저와 당신이 한 비행기의 옆자리에 앉아서 10시간이나 함께 간다는 것이 보통 기적입니까? 저는 그리스도인입니다." 저를 소개하고 복음을 전합니다. 마지막에 제가 그 사람의 손을 잡고 눈을 마주보며 덧붙이는 말이 있습니다. "저는 목사로서 제가 알고 있는 한 가장 확실한 복음을 당신에게 전했습니다. 이제 만약 당신이 예수님을 믿지 않는다면 그것은 복음을 못 들어서가 아니라 스스로 그리스도를 거절하기로 선택했기 때문입니다."라고 강력하게 마지막으로 영접 기도를 하도록 압박합니다. 마침내 그가 복음을 받아들일 때 그 순간이 얼마나 기쁜지 모릅니다. "비행기 안에서도 하나님께서 예비하신 영혼을 옆자리에 앉게 해주셔서 한 영혼을 구하시니 감사합니다."라고 하나님께 감사드리고 그 사람을 위해 두 손을 잡고 간절히 기도해 줍니다.

우리는 다른 사람들과의 만남을 통해서 지옥으로 향하던 그들의 삶을 천국으로 향하도록 바꿔줄 수 있는 사람들입니다.

이와 같이 전도자의 정체성은 "이 사람에게 나는 하나님의 유일한 대안"이라는 확신을 줍니다. 하나님은 나를 통하여 역사하십니다. 예수 그리스도를 대신하여 내가 이 사람과 만났습니다. 이 사람과 관계를 맺고 있습니다. 이것이 우리가 이 땅에 살고 있는 이유입니다. 하나님께서 이 시대에 이곳에 나를 심어 놓으신 것입니다. 하나님께서는 우리가 복음을 전할 때 두근거리는 가슴으로 우리를 바라보고 계실 것입니다. 영혼이 구원받으려고 하는 그 순간 하나님의 심장이 그렇지 않겠습니까?

제 2 장

우리는 영혼 구원자이다

목사와 성도와 그리스도의 몸 된 교회

우리 각 사람에게 그리스도의 선물의 분량대로 은혜를 주셨나니 그러므로 이르기를 그가 위로 올라가실 때에 사로잡혔던 자들을 사로잡으시고 사람들에게 선물을 주셨다 하였도다 올라가셨다 하였은즉 땅 아래 낮은 곳으로 내리셨던 것이 아니면 무엇이냐 내리셨던 그가 곧 모든 하늘 위에 오르신 자니 이는 만물을 충만하게 하려 하심이라 그가 어떤 사람은 사도로, 어떤 사람은 선지자로, 어떤 사람은 복음 전하는 자로, 어떤 사람은 목사와 교사로 삼으셨으니 이는 성도를 온전하게 하여 봉사의 일을 하게 하며 그리스도의 몸을 세우려 하심이라

엡 4:7-12

예수 그리스도께서 구원을 완성하시고 하늘에 오르시면서 교회에 사도, 선지자, 복음 전하는 자, 목사와 교사를 선물로 주셨습니다. "우리 구주 하나님과 우리의 소망이신 그리스도 예수의 명령을 따라 그리스도 예수의 사도 된 바울은"(딤전 1:1). 사도 바울의 고백과 같이 보내심을 받은 사람은 "하나님께서 나에게 명령하셨고 나를 보내셨다"는 소명의식을 가져야 합니다. 이 말씀대로 목사라면 "나는 예수 그리스도께서 이 교회에 선물로 보내신 자"라는 의식을 가져야 합니다.

그러나 부르심을 받은 사람은 많지만 보내심을 받은 사람은 적습니다(마 22:14). 이 말은 부르심을 받은 많은 사람 가운데 순종하고 교육받고 훈련받고 기름부음을 받아서 보내심까지 받는 사람은 적다는 뜻입니다. 이는 그리스도인의 삶 가운데 매우 실제적으로 적용할 수 있습니다. 가령 한 사람이 하나님께서 어떤 사역을 하도록 부르셨다는 것을 본인도 알고 있고 가까이 있는 믿음의 가족들도 모두 알고 있다고 합시다. 그렇다고 하더라도 그는 필요한 모든 훈련을 마치고, 훈련을 받았던 사람이나 교회로부터 보내심을 받아야 그 사역을 감당할 수 있습니다. 부르심을 받은 것과 같이 보내심도 받아야 합니다. 열두 제자의 경우도 과정은 똑같았습니다. 세상에 나아가 영혼을 구원하기 위해서는 복음을 알아야 할 뿐 아니라 귀신을 쫓는 권세도 있어야 했습니다. 예수님께서는 제자들을 삼 년 반 동안이나 훈련시킨 다음에 그들을 보내시며 승천 후에 성령을 받을 때까지 기다리라는 한 가지 조건만 더하셨습니다.

부르심과 보내심을 받은 사람은 결코 불만족스러운 삶을 살 수 없습니다. 하나님이 부르셨고 하나님이 보내셨기 때문에 그의 삶은 하나님의 계획 안에 있는 놀랍고 위대한 삶입니다. 또한 바울의 고백처럼 부르심과 보내심을 받은 그 길을 다 달려갔을 때 주님께로부터 면류관을 받을 영광스러운 삶입니다.

목사와 사도로서의 소명

"사람이 인식할 수 있는 가장 고상한 소명은 기독교 목회로의 부르심입니다. 하나님은 모든 사람을 위한 계획을 갖고 계시며, 사람들은 강단에서처럼 시장이나 빵 굽는 가게에서도 열심히 주님을 섬길 수 있습니다. 하지만 그 마음에 복음을 전하고자 하는 충동을 느끼는 사람은 복이 있습니다. 여러분의 설교자는 이렇게 고백합니다. 사회적으로 높은 지위에 오르고 성공했다고 인정받는 것보다도, 비록 친구들에게 실패로 여겨진다 하더라도 차라리 여러분이 아는 가장 작은 교회의 목사가 되는 편을 택할 것입니다. 설교자는 그의 소명을 택하지 않습니다. 오히려 '너희가 나를 택한 것이 아니요 내가 너희를 택하여 세웠나니'라고 말씀하신 분께 그 소명을 받는 것입니다."

- 윌 휴튼Will Houghton

"기독교 목회로의 부르심"이 가장 고상한 소명이라고 했습니다. "목회"는 영혼을 구원해서 제자로 삶는 일입니다. 하나님께 "주일 예배"를 드리기 위해 예배당을 짓고 매주 모여서 "최고의 예배"라는 한두 시간 남짓하는 시간과 그 시간의 가장 중점인 설교를 하는 일을 목회의 중심으로 여기는 것은 신약성경에서는 찾아 볼 수 없습니다. 초대교회는 도시, 지역, 가정에서 모이는 오늘날의 셀 교회의 형태로 존재했습니다. 바울은 전도한 성도들을 모아 가정에서 모이는 교회가 되면 목회자를 세우고 떠난 후 사람을 보내거나 편지를 하거나 방문할 기회를 찾아서 지속적으로 지도하고 감독하였습니다. 구원받은 성도 한 사람이 다른 사람을 구원하여 제자를 삼을 수 있는 제자를 만드는 것이 예수님과 사도들의 삶의 목적이었습니다. 그러므로 신약성경에 나타난 목사의 모습은 지난 반세기 동안 회복된 셀 교회와 중국의 지하 교회 목회자를 포함하는 개념이라고 볼 수 있습니다. 이 부르심의 중요성에 관한 몇몇 목사님들의 말을 인용해 보겠습니다.

"나는 아무것도 버린 것이 없습니다. 나는 모든 것을 얻었습니다. 나는 하나님이 사람을 복음의 전령으로 부르시는 것이야말로 그분이 인간에게 부여하실 수 있는 최고의 영예라고 생각합니다." – 마틴 로이드 존스Martyn Lloyd-Jones

"나는 지금 내게 주어진 것, 즉 측량할 길 없는 그리스도의 부요를 전파하는 것보다 더 위대한 영예는 결코 주어질 수 없음을 확신하면서 매우 겸손해지는 것을 느낀다. 목회로의 부르심을 받는 것은 참으로 놀라운 영예다. 교육과 영성을 대립이나 갈등 관계로 보지 않을 것이다. 그러나 이렇게 말한 후에 목사를 만드는 것은 교육이 아니라 하나님의 소명임을 강조해야겠다. 존 번연, 찰스 스펄전, D.L 무디, 캠벨 모건, A.W. 토저, 빌리 그레이엄은 신학 교육을 받지 않았다. 매일 아침 우리는 부르심을 받고 섬길 수 있는 특권을 주신 것에 대해 하나님께 감사해야 한다." – 레이 스테드먼Ray Stedman

"그 특별한 날의 오후를 기억한다. 나는 설교자로서 교인들을 대하는 이 특권이 거의 나를 압도하는 느낌에 사로잡혔던 그날을 기억한다."　　　　　　　　　　－ 필립스 브룩스Phillips Brooks

사도 바울의 개인적인 소명의식

예수 그리스도의 종 바울은 사도로 부르심을 받아 하나님의 복음을 전하기 위하여 택정함을 입었으니　　　　　롬 1:1

우리 구주 하나님과 우리의 소망이신 그리스도 예수의 명령을 따라 그리스도 예수의 사도된 바울은　　　　　딤전 1:1

사람들에게서 난 것도 아니요 사람으로 말미암은 것도 아니요 오직 예수 그리스도와 그를 죽은 자 가운데서 살리신 하나님 아버지로 말미암아 사도 된 바울은　　　　　갈 1:1

바울은 "예수 그리스도의 종"이라고 자신을 소개했습니다. 그가 받은 하나님의 사랑은 그로 하여금 자원하여 평생 그리스도를 사랑하는 종으로 살도록 하였습니다. 그의 평생의 삶의 목표와 원동력은 그가 받았고 실천했던 그리스도의 사랑이었습니다. 그는 그리스도의 부르심에 순종하였고 이 일을 위해 자기를 선택하신 하나님의 섭리를 전적으로 신뢰하였습니다. 그는 자신의 소명을 이렇게 독특한 것으로 인식했을 뿐만 아니라 그리스도인들도 똑같이 거듭난 순간 자기와 같이 주님의 부르심 즉 사명을 받은 것이라고 가르쳐 주었습니다. "너희도 그들 중에서 예수 그리스도의 것으로 부르심을 받은 자니라"(롬 1:6).

1980년대에 제가 미국에서 신학대학원에 다닐 때 여자 의사 한 분이 함께 신학을 공부했습니다. 병원 일도 바쁠 텐데 왜 신학공부를 하느냐는 질문에 그녀는 이렇게 대답했습니다. "저는 아픈 사람들을 돌보고 병이 낫도록 도와주는 일을 해왔습니다. 그런데 사람들은 병이 낫고 나서 얼마 후에 다시 병이 들어 병원을 찾아오곤 했습니다. 그 사람의 생각과 삶의 목적을 더 높은 차원으로 바꾸어 주지 않으면 병이 나아도 다시 몸을 해롭게 하는 사람들을 보았기 때문입니다. 그래서 신학을 공부하게 되었습니다." 그녀는 영혼을 다루는 것이 몸의 병을 고치는 것보다 더 근본적인 치유임을 알게 되어 새로운 열망을 품게 된 의사 신학생이었습니다.

1980년대는 미국의 장로교회와 감리교회에서는 여성에게도 목사 안수를 해 주었지만, 남 침례 교단에서는 해 주지 않던 때였습니다. 어느 침례교회에서 목사님의 따님이 목사님으로 초빙되었는데, 침례 교단에서 여성에게 목사 안수를 해 줄 수 없다고 거부했습니다. 그 침례교회 교인들은 이 목사를 담임으로 받아들이기 위해서 침례교회를 떠나겠다고 했습니다. 그 무렵 마침 해마다 열리는 침례교 집회가 있어서 그 여자 분이 반론할 기회를 갖게 되었습니다. 성경 말씀을 인용하며 조목조목 증명하고 나서, 자기가 다닌 주일학교는 물론 목사님이셨던 할아버지와 아버지께서 자기에게 "너는 여자니까 목사가 될 생각은 하지 마라."고 가르친 적이 없다고 했습니다. 자기가 배운 모든 분들은 "하나님 앞에 쓰임 받는 좋은 일꾼이 되라."고 가르쳤다고 했습니다.

캐더린 쿨만이 목회자로 부름 받았다고 자기를 찾아온 여성에게 도전한 유명한 일화가 있습니다. 어떤 여신도가 그녀를 만나서 "하나님께서 저를 좋은 목사가 되라고 부른 것 같습니다."라고 했을 때 캐더린 쿨만은 "여자가 무슨 목사가 되느냐?"고 했다고 합니다. 자신이 살고 있는 시대의 사회, 문화, 관습 심지어 교단에서 뭐라고 말하더라도 우리는 단 한 가지 하나님이 하라고 하신 일을 해야 합니다. 하나님의 명령이 그 모든 것보다 가장 위에 있습니다. 꼭 어떤 교단에서 안수를 받아야만 목사의 역할을 감당할 수 있는 것은 아닙니다. 셀 교회는 이에 대한 편견을 제거하고 새로운 시각으로 목사의 사역을 이해할 수 있게 해 주었습니다. 그가 하나님의 명령을 받았다면 교단에서 반대를 하더라도 해낼 수 있습니다. 그의 부르심이 주님으로부터 온 것이기 때문입니다. 캐더린 쿨만도 그것을 확인해보고 싶어서 물어본 것이었습니다. 그것은 예수님께서 수로보니게 여인에게 하신 말씀과 같습니다. "자녀에게 떡을 취하여 개들에게 던짐이 마땅치 아니하니라"(막 7:27). 예수님께서는 그 여인에게 믿음이 있는지를 확인해 보려고 말씀하셨습니다. 전도자 또한 이와 같은 확신이 있어야 합니다.

영혼을 구원하여 제자를 만들어라

군대에 가면 가장 먼저 훈련소 신병교육대에서 단체훈련을 받습니다. 그 다음에는 개인의 특기에 맞게 교육을 마친 후 소속 부대를 정해줍니다. 드디어 훈련병이었던 사람이 "○○사단 ○○연대 ○○중대 ○○소대 ○번 소총수"와 같이 부대 배치가 되어 "이등병 아무개"로 불리게 됩니다. 그 때부터는 그가 군대에 오기 전에 누구였고 무슨 일을 했었는지는 아무 의미가 없습니다. 군에 입대할 때 모두 똑같은 군복으로 갈아입었습니다. 훈련이 끝나면 새로운 부대로 보냄을 받아 새로운 직책도 받게 됩니다.

하나님의 나라도 이와 같습니다. 그 안에는 각 사람이 담당해야 할 구별된 자리와 위치가 있습니다. 하나님께서는 우리를 택하시고 부르시고 훈련시켜서 그 곳으로 보내십니다. 마치 군대와 같이 우리 한 사람 한 사람이 자신의 귀한 사역을 담당할 수 있도록 배치시키십니다. 이것이 곧 교회이며 교회를 통해 하나님의 나라가 기능하는 방법입니다. 만약 어떤 신병이 소속 부대가 불확실하거나 계속 바뀐다면 어떻게 되겠습니까? 그리스도인이 교육이나 훈련을 받지 않아서 사역을 맡지 못한다면 어떻게 되겠습니까? 그것은 군대에 비유하면 자대 배치도 받지 않고 탈영하는 것과 같습니다. 전쟁 중에는 군인이 탈영하면 총살형을 받을 정도로 탈영은 가장 심각한 죄입니다. 탈영의 대가가 무겁지 않으면 전쟁터에 남아 있을 군인이 아무도 없기 때문입니다.

주님의 교회의 지체로서 자신의 은사와 부르심을 따라 이웃과 교회를 섬기며 제자를 만드는 제자로 성장하지 않는 그리스도인들은 소비자형 그리스도인입니다. 그들은 적을 피해 다니는 피난민, 부대에서 뒤쳐진 낙오자, 전쟁 중인 나라와 관계없는 여행자, 구경꾼과 같습니다. 현대 교회의 문제점은 그리스도인의 상당수가 소비자형 그리스도인이라는 점입니다. 많은 사람들이 우리나라의 기독교는 교회의 대형화가 문제라고 이야기하지만 사실 정확히 말하면 교회의 크기가 아니라 소비자형 그리스도인만 많다는 것이 문제입니다. 자본주의 경제 시스템 아래서 소비자로서 살다보니 성경과는 거리가 먼 소비자형 그리스도인의 생각을 하며 살게 되었습니다.

소비자는 물건 값이 싸고 거리가 가까운 마트를 선택합니다. 교회를 그와 같은 기준으로 선택한다면 소비자형 그리스도인일 가능성이 많습니다. 소비자와 마트의 관계처럼 소비자형 그리스도인들은 소속감이나 사명감이 약합니다. 그들은 손님의 관점으로 교회를 바라보고 사역자들을 서비스를 제공하는 사람으로 인식합니다. 그리스도께서는 우리를 우리의 삶과 일터에 복음을 전파하는 그리스도의 대사로 파송하셨습니다. 소비자가 아니라 생산자로서 영업사원의 정신을 가지고 "예수 이야기Jesus Story"와 "나의 이야기My Story"를 전함으로써 그리스도의 증거를 말하고 보여주는 것이 전도자의 삶입니다.

제자를 만드는 제자가 되는 과정

모든 그리스도인은 영혼을 구원하는 데 그치지 않고, 그 사람이 다른 사람에게 복음을 전하여 영혼을 구원하여 그가 영혼 구원하는 제자를 만드는 제자가 될 때까지 "가르쳐 지키라"는 사명을 받았습니다. 그러므로 제자를 만드는 것은 모든 그리스도인에게 말씀하신 주님의 최고의 명령입니다.

하나님이 우리를 구원하사 거룩하신 소명으로 부르심은 우리의 행위대로 하심이 아니요 오직 자기의 뜻과 영원 전부터 그리스도 예수 안에서 우리에게 주신 은혜대로 하심이라 딤후 1:9

1. 디모데는 어떻게 '부르심'을 받았는가?

바울이 더베와 루스드라에도 이르매 거기 디모데라 하는 제자가 있으니 그 어머니는 믿는 유대 여자요 아버지는 헬라인이라 디모데는 루스드라와 이고니온에 있는 형제들에게 칭찬 받는 자니 바울이 그를 데리고 떠나고자 할새 그 지역에 있는 유대인으로 말미암아 그를 데려다가 할례를 행하니 이는 그 사람들이 그의 아버지는 헬라인인 줄 다 앎이러라 여러 성으로 다녀

갈 때에 예루살렘에 있는 사도와 장로들이 작정한 규례를 그들에게 주어 지키게 하니 이에 여러 교회가 믿음이 더 굳건해지고 수가 날마다 늘어가니라 　　　　　　　행 16:1-5

디모데는 부모님이 예수를 믿는 가정에서 태어나서 자랐고 바울은 그가 훌륭한 청년임을 알아보고 제자로 삼으려고 데리고 떠났습니다. "형제들에게 칭찬 받는 자" 즉 성도들이 그를 칭찬하고 인정하는 것을 바울이 듣고 알게 된 것입니다. 주의할 점은 디모데가 먼저 제자가 되겠다고 자원한 것이 아니라 바울이 디모데를 불렀다는 사실입니다. 예수님도 열두 제자를 부르실 때 한 사람씩 부르셨습니다. 마찬가지로 하나님께서는 바울에게 말씀하셔서 바울을 통해서 디모데를 부르셨습니다. 디모데는 어릴 적에는 부모님에게서 배우고 그 다음에는 바울의 제자로 훈련받은 후 그의 보내심을 받아 파송되었습니다.

2. 디모데는 어떻게 '보내심'을 받았는가?

제자는 영적 지도자에게 부름 받은 후 스승을 통해 인정받는 것이 매우 중요합니다. 영적 지도자에게 아직 인정받지 못한 상태에 있으면서, 혹시 '나는 준비가 되었는데 왜 보내지 않는가?' 라는 의문을 가지고 있다면 성경의 인물들이 어떻게 부르심과 보내심을 받았는지 점검해보십시오.

> 내가 너희를 부끄럽게 하려고 이것을 쓰는 것이 아니라 오직 너희를 내 사랑하는 자녀 같이 권하려 하는 것이라 그리스도 안에서 일만 스승이 있으되 아버지는 많지 아니하니 그리스도 예수 안에서 내가 복음으로써 너희를 낳았음이라 그러므로 내가 너희에게 권하노니 너희는 나를 본받는 자가 되라 이로 말미암아 내가 주 안에서 내 사랑하고 신실한 아들 디모데를 너희에게 보내었으니 그가 너희로 하여금 그리스도 예수 안에서 나의 행사 곧 내가 각처 각 교회에서 가르치는 것을 생각나게 하리라   고전 4:14-17

> 오매 그들에게 말하되 아시아에 들어온 첫날부터 지금까지 내가 항상 여러분 가운데서 어떻게 행하였는지를 여러분도 아는 바니 곧 모든 겸손과 눈물이며 유대인의 간계로 말미암아 당한 시험을 참고 주를 섬긴 것과 유익한 것은 무엇이든지 공중 앞에서나 각 집에서나 거리낌이 없이 여러분에게 전하여 가르치고 유대인과 헬라인들에게 하나님께 대한 회개와 우리 주 예수 그리스도께 대한 믿음을 증언한 것이라   행 20:18-21

그러므로 여러분이 일깨어 내가 삼 년이나 밤낮 쉬지 않고 눈물로 각 사람을 훈계하던 것을 기억하라   행 20:31

내가 아무의 은이나 금이나 의복을 탐하지 아니하였고 여러분이 아는 바와 같이 이 손으로 나와 내 동행들이 쓰는 것을 충당하여 범사에 여러분에게 모본을 보여준 바와 같이 수고하여 약한 사람들을 돕고 또 주 예수께서 친히 말씀하신 바 주는 것이 받는 것보다 복이 있다 하심을 기억하여야 할지니라

        행 20:33-35

바울이 디모데를 가리켜 "내 사랑하고 신실한 아들"이라고 했습니다. 하나님 안에서 스승과 제자의 관계는 영적인 부모와 자녀의 관계라는 것을 알 수 있습니다. 디모데는 위에서 언급한 말씀대로 바울의 모든 삶을 지켜보면서 그가 어떻게 살며, 가르치며, 복음을 증언하였는지를 배웠습니다.

3. 디모데는 평생 "바울의 지도와 훈련을 받는 동역자"였다

신약성경의 디모데전서와 후서는 바울이 디모데에게 쓴 편지입니다. 목회서신이라고도 불리는 이 두 책은 영혼을 구원

하고 제자로 훈련하는 그리스도인들이 늘 읽고 묵상해야 하는 책입니다. 바울이 디모데에게 얼마나 세밀한 부분까지 가르치고 있는지 놀랍습니다.

> 내가 마게도냐로 갈 때에 너를 권하여 에베소에 머물라 한 것은 어떤 사람들을 명하여 다른 교훈을 가르치지 말며 신화와 끝없는 족보에 몰두하지 말게 하려 함이라 이런 것은 믿음 안에 있는 하나님의 경륜을 이룸보다 도리어 변론을 내는 것이라
>
> 딤전 1:3-4

디모데는 바울이 머물라고 한 곳에 머물고, 가라고 한 곳에 갔습니다. 바울은 그를 보낸 후에도 가르치고 훈련하기를 멈추지 않았습니다. 성숙한 사역자로서 검증된 후에 파송해야 하겠지만, 필요와 경우에 따라서는 어느 정도 준비되었다고 판단되면 보내어 사역을 하도록 맡깁니다. 가장 좋은 훈련은 현장 훈련on the job training이기 때문입니다. 바울처럼 멀리서도 편지를 써 보내거나 사람을 보내어 소식을 듣고, 문제를 해결해 주기 위한 격려와 가르침을 지속해야 합니다. 사역자로서 이렇게 지속적으로 가르침을 받고 지도를 받으며 점검을 받을 수 있는 스승 즉 멘토는 절대적으로 필요합니다. 그래야

계속하여 성장할 수 있고 혼자 지치거나 낙심하거나 죄의 유혹에 굴복하지 않고 사역을 할 수 있는 은혜의 통로가 됩니다.

이 마차에 함께 타라

그때 주의 천사가 빌립에게 말하기를 "일어나서 남쪽을 향해 예루살렘에서 가자에 이르는 길까지 가라. 그 길은 사막이라." 하니 그가 일어나서 떠나더라. 그런데, 보라, 에디오피아 사람, 곧 에디오피아 여왕 칸다케 휘하에서 모든 재정을 담당하는 큰 권세를 지닌 내시가 예루살렘에 경배드리러 왔다가 돌아가는데 마차에 앉아서 선지자 이사야의 글을 읽고 있더라. 그때 성령께서 빌립에게 말씀하시기를 "가까이 가서 이 마차에 함께 타라." 하시더라. 그러므로 빌립이 거기로 달려가니 그가 선지자 이사야의 글을 읽고 있는 것을 듣고 말하기를 "당신이 읽고 있는 것을 이해하느뇨?"하니 그가 말하기를 "나를 지도하는 이가 아무도 없으니 어찌 깨달을 수 있으리요?"하며 빌립을 청하여 마차에 올라 자기와 함께 앉게 하더라. 그가 읽고 있는 성경 구절은 이것이니 즉 "그는 도살할 양처럼 끌려갔고, 또 털 깎는 자 앞에 잠잠한 어린양 같이 그의 입을 열지 아니하더라.

그가 굴욕 중에 부당한 재판을 받았으니 누가 그의 세대를 선포하리요? 이는 그의 생명이 이 땅에서 끊어졌음이로다."이었더라. 그 내시가 빌립에게 대답하여 말하기를 "당신께 부탁하노니 선지자의 이 말은 누구에 관한 것이뇨? 자신이뇨, 아니면 다른 사람이뇨?"하니 빌립이 입을 열어 이 성경에서 시작하여 그에게 예수를 전하니라. 그리하여 그들이 길을 따라가다가 물이 있는 곳에 이르자 그 내시가 말하기를 "보라, 여기 물이 있도다. 내가 침례를 받는 데 무슨 거침이 있느뇨?"라고 하니 빌립이 말하기를 "만일 당신이 마음을 다하여 믿으면 합당하니라."고 하니 그가 대답하여 말하기를 "나는 예수 그리스도가 하나님의 아들이신 것을 믿나이다."라고 하더라. 그리고 나서 그가 마차를 세우라고 명한 다음 빌립과 내시가 둘 다 물로 내려가서 빌립이 그에게 침례를 주니라. 그들이 물속에서 올라오자 주의 영이 빌립을 데려가시니 그 내시가 그를 다시 보지 못하더라. 그러나 그는 기뻐하며 자기 길을 가더라. 그 후 빌립이 아소토에 나타나 카이사랴에 이를 때까지 지나가면서 모든 고을에 전파하니라.   행 8:26-40(한글킹제임스)

성령님이 빌립에게 사막으로 가라고 말씀하셔서 빌립은 즉시 사막으로 갔습니다. 빌립이 하나님의 다음 지시를 기다리고 있을 때 마차 한 대가 지나가고 있었습니다. 성령님께서 빌립에게 "가까이 가서 이 마차에 함께 타라"고 하셨습니다. 그 마차에 타고 있었던 사람은 에티오피아 왕의 내시였습니다. 그는 왕의 모든 재정을 관리하는 매우 높은 지위에 있었습니다. 두 사람의 만남으로 인해 내시가 구원을 받고 에티오피아에 복음이 전파되었습니다.

여기에서 '마차'는 당신이 "다른 사람들과 접촉할 수 있도록 해주며 접촉을 통하여 영향력을 끼칠 수 있는 범위"를 말합니다. 그리스도인은 "세상의 빛과 소금"이며, "산 위의 마을"입니다. 세상과 분리되어 고립된 수도원이나 사막에 살거나, 소위 전임 사역자가 되어 설교를 준비한다면서 대부분의 시간을 서재에서 보내는 "설교자"는 자신이 말씀으로 섬겨야 할 사람들과 점점 멀어지게 됩니다. 그가 전하는 말씀은 그 말씀을 듣는 성도들에게 관계가 없어 보이거나, 적용하기 어려운 이상적인 말씀으로 치부될 위험이 있습니다. 목사로서 설교의 중요성은 여전하지만, 말씀이 삶에서 어떻게 적용되는 지를 다루는 섬김과 나눔의 공동체로서의 교회의 기능이 결여 된다면 제자로 훈련하기는 어렵습니다.

마차의 개념을 소개하는 예를 한 사람 보겠습니다. 세상에서 가장 큰 영향력을 가지고 있는 사람은 누구일까요? 여러 가지 기준이 있을 겁니다. 정치적으로는 각 나라의 대통령일 수도 있고 경제적으로는 대기업의 총수일 수도 있습니다. 그런데 해마다 「타임」지가 선정하는 '세계에서 가장 영향력 있는 100인'의 명단을 보면 다양한 분야가 총망라 되어 있는 것을 볼 수 있습니다.

2012년 세계은행 총재로 임명된 김용 전 다트머스Dartmouth 대학 총장의 일화를 소개하겠습니다. 김용 총재는 아시안 출신 사람으로서는 처음으로 미국 아이비리그에 속한 대학 총장이 되었다고 합니다. 그는 오십 대이고 한국말을 잘 구사하는 교포 2세입니다. 그가 대학에서 전공을 정할 무렵에 아버지와 그 문제를 의논한 적이 있다고 합니다. 그가 "아버지, 저는 철학이나 정치학을 공부해서 제 꿈을 펼치고 싶습니다."라고 말하자, 방학을 맞아 집으로 오는 아들을 맞으려 공항에서 아들을 만나 집으로 오던 아버지가 길가에 차를 세우더랍니다. 그리고 "네가 철학이나 정치학을 공부하고서 '인생은 이래야 한다. 세상은 저래야 한다.'라고 이야기한들 젊은 네 말을 누가 귀담아 들어주겠느냐? 우선 세상에서 인정받는 자리에 가거라. 그리고 그 다음에 철학을 공부하고 정치학을 공부하는 것이 좋겠다."라고 조언했다고 합니다. 결국 그는 하버드에서 의학을 전공하고 박사학위를 받았습니다. 그리고 의사가 아니라 아이비리그의 총장이 되었고, 2012년 세계은행의 총재가 되어 선진국의 자금을 가난한 나라의 발전을 위해 잘 사용하는 데 중요한 직책을 맡아 일하고 있습니다.

이것이 그리스도인이 "내게 가장 효과적인 마차"를 준비해야 하는 이유입니다. 부모로서 자녀들을 열심히 가르치고 후원하는 것은 자녀들이 자라서 자신의 부르심과 재능에 맞을 뿐만 아니라 세상에서 가장 큰 영향력을 미칠 좋은 마차를 준비하도록 하는 것입니다. 마차의 능력은 우리가 사람들과 맺고 있는 관계에 의해 발휘됩니다. 우리는 세상에 꼭 필요한 빛이고 소금이기 때문에 반드시 세상에서 사람들에게 신뢰를 받는 관계를 맺어야 합니다. 마차는 내가 그 사람에게 건너갈 수 있도록 둘 사이에 관계의 다리를 놓는 것입니다. 그리스도인은 학교 선생님, 의사, 식당 주인, 각 분야의 자원봉사자 등 어디에서 무슨 일을 하든지 그 직업 분야와 그 직장에 파송된 그리스도의 대사로서 하나님의 왕국의 중요한 일을 맡은 자로 자신을 인식해야 합니다.

마차를 탔다고 해서 관계가 저절로 생기지는 않기 때문에 적극적인 노력이 필요합니다. 관계의 다리는 놓는 첫 번째 방법은 직접 찾아 가는 것입니다. 도시 생활에서는 집으로 방문하는 것을 꺼려하는 경향이 있으므로 밖에서 부담 없이 만나면 좋을 것입니다. 두 번째 방법은 집으로 초대하는 것입니다. 식사 준비가 부담스럽다면 간단한 메뉴나 조리가 간편한 것을 사다가 대접해도 좋습니다. 집으로 손님을 초대하는 것이 점점 더 드물어지는 시대이기 때문에 식사 초대를 하는 것은 친밀함의 표현이고 그 기회를 통해 사람들은 쉽게 가까워집니다. 한 가지 주의할 점은 너무 많은 사람이 한 자리에 모이는 것은 좋지 않습니다. 한 쌍의 부부 혹은 한 가족을 초대하는 것이 가장 좋습니다. 여러 사람이 모이면 개인적으로 깊은 교제가 이루어지기 힘들기 때문에 의미 없는 사교 모임이 될 가능성이 높습니다.

제가 미국에 있을 때 말레이시아, 대만, 인도네시아 등에서 유학 온 학생들이 많이 있었습니다. 대부분 젊은 대학생들이라서 주말이면 저희 집으로 초대해서 식사를 대접하고 섬겼습니다. 같은 동양인이어서인지 모두들 한국 음식을 맛있게 잘 먹고 즐거운 한때를 보냈습니다. 그런데 복음을 제시하고 영접을 시키는 훈련을 받은 적이 없고 경험도 부족해서 좋은 기회를 만들어 놓고도 실제로 영혼 구원의 열매는 적었습니다. 주말마다 많은 수고와 시간을 들여서 좋은 관계의 다리를 놓고도 효과적으로 복음을 전하는 데 활용할 줄을 몰랐던 것입니다.

사람들이 모여 함께 식사하는 것은 매우 중요한 의미가 있습니다. 신약성경을 보면 중요한 순간에 식사하는 장면이 많이 나옵니다. 예수님이 십자가에 달리시기 전에 마지막으로 하신 일도 제자들과 함께 유월절 저녁 식사를 하는 것이었습니다. 또 부활하신 후 제자들 앞에 나타나셨을 때도 손수 아침 식사를 준비해 놓으시고 함께 음식을 드셨습니다. 네 개의 복음서에도 가정집을 중심으로 특히 식사 때 가르침과 교제가 깊었던 것을 발견할 수 있습니다.

여리고의 세관장 삭개오를 처음 만나신 날도 그의 집에 가셔서 함께 식사하셨습니다. 한 여인이 예수님의 발에 향유를 부은 일도 어디에서 언제 일어났습니까? 나사로의 집에서 마르다가 불평하며 식사를 준비하던 그 때입니다. 이와 같이 예수님의 사역에서도 가정에 함께 모여 식사하시는 모습을 자주 볼 수 있습니다. 셀 교회가 무엇입니까? 초대 교회와 같이 집에 모여 함께 식사하고 예배드리는 것입니다.

지금 제 아내는 목사로서 가르치고 상담하는 일로 분주합니다만 예전에는 작은 예배당에 모이는 성도들을 위해 주일날 함께 나눌 식사를 준비하고, 예배당과 화장실을 청소하며, 성도들이 모일 때는 아기를 돌봐주는 일과 같은 필요가 있는 일들을 섬겼었습니다. 제가 한국에 들어오기 전에 미국에서 작은 교회를 개척했을 때 이런 일도 있었습니다. 셀이 하나 밖에 없을 정도로 작은 교회였는데 어느 날 이런 이야기가 들려왔습니다. 함께 모여 예배드리고 저희 부부가 떠나고 나면 성도들이 술을 취하도록 마시고 서로 싸우기까지 한다는 것입니다. 그 이야기를 듣고 제가 얼마나 실망하고 충격을 받았는지 모릅니다. '하나님, 이 사람들을 어떻게 해야 합니까?' 기도하고 아내와 의논하였습니다. 이후로는 성도들의 가정에서 셀 모임이 있을 때는 아내가 가서 그분들의 아기들을 돌봐주었습니다. 사모님이 곁에 있으니 성도들이 술도 마시지 못하고 싸우지도 않았습니다. 그렇게 일 년 가까이 지내면서 성도들을 사랑하고 복음을 전하였더니 그들이 변화하여 얼마나 순수한 사랑을 드러내는지 저희 부부의 기쁨이 너무나 컸습니다. 제가 한국에 들어오기로 결정하고 교회를 떠날 날이 정해지자 예배 때마다 눈물이 났습니다. 울지 않으려고 기도하고 예배를 드려도 설교하다가 성도들과 눈만 마주쳐도 눈물이 나서 어쩔 줄을 몰랐습니다.

어떤 세일즈맨이 한 사람에게 차를 잘 팔면 그 다음에 이백 오십 명에게 차를 팔 수 있다고 했습니다. 이유는 그 한 사람이 알고 있는 이백 오십 명에게 차를 팔 수 있기 때문입니다. 또 연구 결과에 따르면 한 사람이 일생 동안 알고 지내는 사람이 약 만 오천 명이라고 합니다. 이 논문에 따르면 우리는 초등학교 동창, 중고등학교 동창, 대학 동창, 군대 동기, 직장, 친인척 등 평균 만 오천 명의 이름과 연락처, 주소 등을 알고 가깝게 접촉하며 살아간다는 것입니다. 한 사람의 수명이 길수록, 재산이 많을수록 점점 더 많은 사람들과 연결된다고 합니다. 또 다른 연구 결과는 여섯 사람만 건너가면 이 세상의 모든 사람과 연결된다는 사실입니다. 그런데 더 놀라운 것은 이제는 이백 오십, 만 오천이라는 숫자가 의미가 없는 시대가 되었다는 사실입니다. 컴퓨터와 인터넷의 기술이 발달하면서 온라인이라는 새로운 관계의 세계가 열렸습니다. SNS를 통해 연결되는 세상은 국경을 초월하여 수십억 인구와 접촉하여 의사소통을 할 수 있습니다.

> 천국은 마치 밭에 감추인 보화와 같으니 사람이 이를 발견한 후 숨겨 두고 기뻐하며 돌아가서 자기의 소유를 다 팔아 그 밭을 사느니라   마 13:44

우리에게 보화가 감춰져 있는 밭은 어디에 있습니까? 우리가 타고 있는 '마차'가 곧 밭입니다. 그리스도인이 속해 있는 가족, 직장, 이웃, 모임이 그가 영향력을 발휘할 수 있는 자리입니다. 그 밭에는 나의 것을 다 팔아서 살 만큼 귀한 영혼들이 감추어져 있습니다.

> 예수께서 나아와 말씀하여 이르시되 하늘과 땅의 모든 권세를 내게 주셨으니 그러므로 너희는 가서 모든 민족을 제자로 삼아 아버지와 아들과 성령의 이름으로 침례를 베풀고 내가 너희에게 분부한 모든 것을 가르쳐 지키게 하라 볼지어다 내가 세상 끝 날까지 너희와 항상 함께 있으리라 하시니라   마 28:18-20

가서 제자로 삼아라! 하나님께서는 기꺼이 순종하는 사람들을 통해 일하십니다. "너희는 가서" 우선 가라고 하신 곳에 가야 합니다. 그 다음에는 "모든 민족을 제자로 삼으라"고 했습니다. "민족ethnic groups"은 나와 언어, 문화, 세대, 지역, 관심사 등이 같은 사람들의 단위입니다. 즉 "내가 늘 만나고 나에게 연결되어 있는 사람들을 구원하여 가르치고 훈련하여 제자를 만들라"는 뜻입니다. 또한 영혼 구원을 위해 주님은 음부의 권세가 이기지 못하도록 "세상 끝 날까지 너희와 항상 함께 있으리라"는 놀라운 약속을 하셨습니다. 예수님께서는 하늘과 땅의 권세를 모두 가지고 계신 분입니다. 우리는 가서 모든 민족을 제자로 삼으라고 명령을 받았습니다. 그리고 우리가 그 일을 할 때 예수님께서 우리와 항상 함께 하시며 하늘과 땅의 모든 권세를 가지신 분이 함께 하시겠다고 약속하셨습니다. 그리스도께서 그 권세를 우리에게 주시며, "내 이름으로" 복음을 전하면 따르는 표적으로 말씀을 확증해 주시겠다고 마가복음 16장에서는 강조하고 있습니다. 그러므로 우리가 영혼을 향해 나아갈 때 하나님의 임재와 표적과 기사, 왕국의 능력이 나타나는 것은 당연한 일입니다.

영혼 구원의 핵심은 내가 섬겨야 할 사람의 "필요를 파악하고 그것을 채워준다Find the need and fill it"는 것입니다. 이 간단한 원리는 영혼을 구원하는 전도의 열쇠일 뿐 아니라 모든 사업과 성공의 비밀입니다. 세상의 수많은 베스트셀러 상품도 그렇게 태어납니다. 사람들이 필요로 하는 것을 정확히 알고 그것을 해결해주는 상품을 개발해서 좋은 조건으로 판매하는 사업은 성공할 수밖에 없습니다. 작은 음식점이라도 사람들의 기호와 입맛을 정확히 겨냥해서 메뉴를 개발하고 맛을 내면 사람들이 모여듭니다.

빌립이 마차에 다가갔을 때 내시는 이사야서를 읽고 있었습니다. 빌립은 내시에게 읽고 있는 것을 이해하는지 물어보았습니다. 내시는 말씀에 대해 의문을 가지고 있었기 때문에 빌립을 마차에 태웠습니다. 그리고 빌립과의 만남을 통해

궁금증을 해결하고 구원받고 침례까지 받았습니다. 빌립이 내시의 필요를 파악하고 채워준 것에 주목하십시오. 영혼을 구원하기 위해 먼저 그 영혼의 필요를 발견하십시오. 사람들은 무엇인가에 필요를 느낍니다. 안타깝게도 영혼 구원에 대해 필요를 느끼지는 않습니다. 모르는 것을 원할 수는 없기 때문입니다. 그들은 가령 자녀 문제로 속이 상하거나 부부간의 갈등으로 괴로워하는 등 여러 종류의 문제를 가지고 있고 해결하고 싶어 합니다. 그것이 필요입니다. 우리가 사람들을 섬길 때 그들은 마음을 열고 고민을 털어놓습니다. 그 때 객관적으로 판단하지 말고 그 사람의 입장에서 공감하는 마음을 가지고 듣는 것이 가장 중요합니다. 그렇게 할 때 그 사람의 절박한 필요를 알게 됩니다. 그 다음에 우리가 할 수 있는 일은 그 필요를 채워줄 수 있는 주님을 소개하여 그분께 기도하도록 돕는 것입니다. 예수님께서 말씀하셨습니다. "수고하고 무거운 짐 진 자들아 다 내게로 오라 내가 너희를 쉬게 하리라" (마 11:28). 주님께서 그의 기도를 들으시고 문제를 해결해주십니다. 주님께 영혼을 인도하는 일은 영적인 일이기 때문에 성령의 역사가 있어야 이루어집니다. 그러므로 항상 VIP를 위해 기도하면서 기회를 찾아야 합니다.

『하나님의 사랑의 흐름』은 저자인 존 오스틴 목사님의 목회

철학이 담겨 있을 뿐 아니라 다른 사람의 필요를 찾아 도와주는 것에 관한 좋은 책입니다. 책 내용의 핵심은 성령으로 말미암아 내 안에 하나님의 사랑이 부어졌기 때문에 그 사랑을 따라 행하면 된다는 것입니다. 그렇게 할 때 기적이 일어나고 역사가 일어난다는 것입니다. 제목을 "하나님의 사랑의 흐름"이라고 번역했는데 원어는 "하나님의 흐름Divine Flow"입니다. 사랑이신 하나님을 따라 흐르는 것, 즉 사랑을 주고 사랑을 받는 것이 얼마나 복된 일입니까? 이것은 전도의 비밀이자 행복한 삶의 비밀입니다. 사랑의 흐름이 원활하게 이루어질 때 사람은 모두 행복을 느끼기 때문입니다.

『행동하는 신자들』은 T. L. 오스본 목사님의 대표작『영혼구원Soul winning』의 핵심을 정리해서 펴낸 책입니다. 이 책에서 "기독교는 무엇인가?"에 대해 핵심을 얼마나 잘 설명해 놓았는지 놀랍습니다.

전도란 무엇인가?

내가 복음을 부끄러워하지 아니하노니 이 복음은 모든 믿는 자에게 구원을 주시는 하나님의 능력이 됨이라 먼저는 유대인에게요 그리고 헬라인에게로다 복음에는 하나님의 의가 나타나서 믿음으로 믿음에 이르게 하나니 기록된 바 오직 의인은 믿음으로 말미암아 살리라 함과 같으니라 　　　롬 1:16-17

1. 한 사람을 그리스도께 돌아오도록 할 목적으로 복음을 샅샅이 선포하는 것이다

전도왕으로 유명한 인천 주안 교회의 안강자 권사님은 복음을 "이를 잡듯이" 전파해야 한다고 표현했습니다. "저 사람을 만나면 교회에 안 갈 수가 없다"는 소문이 나서 안 권사님이 나타나면 사람들이 피해 다닐 정도였다고 합니다. 그분에 관한 간증 영상을 볼 때마다 저는 대한민국 사람이라는 것이 자랑스럽습니다. 일 년에 9,500여 명을 전도해서 교회에 등록까지 시켰다고 하니 정말 놀라운 일입니다. 그분의 간증을 들어보면 하나님의 사랑에 감동하지 않을 수 없습니다. 우리나라에는 그와 같은 열정을 가진 수많은 전도왕들이 계속해서 태어나고 있습니다.

복음을 들고 하나님께서 나의 삶의 여정에 만나게 하신 사람들을 찾아가서 그 사람의 영적 상태를 알아보십시오. 이해하기 쉽게 푸른 사과, 붉은 사과, 고구마에 비유해 봅시다.

만약 아직 익지 않은 푸른 사과라면 억지로 익게 할 수는 없습니다. 기도하며 기다리다가 시간이 흐른 후에 다시 시도해야 합니다. 만약 붉은 사과라면 기다릴 필요가 없이 추수하면 됩니다. 고구마는 속이 익었는지 안 익었는지 한눈에 알 수가 없습니다. 고구마를 구울 때 젓가락으로 찔러봐야 잘 익었는지 알 수 있듯이 좀 더 깊은 대화와 교제를 통해 그 사람의 영혼의 상태와 필요를 진단하고, 모든 인간의 문제의 해답이 되신 그리스도를 소개하십시오.

2. 기도하고 계획하고 실제로 복음을 전하는 것이다

전도지를 많이 돌리거나 교회의 주보를 나눠주는 것을 전도의 활동이라고 여기는 사람들도 있습니다. 저 역시 시행착오를 겪으며 여러 가지 전도 방법을 시도해봤습니다. 좋은 간증이나 전도 소책자들을 사용하여 낯선 사람에게 접근하여 대화를 시도하거나 문서를 주는 것입니다. 많은 사람들에게 나눠주고 그 가운데 몇 명이라도 말씀을 읽어보기를 기대하는 것입니다. 그런데 이 방법은 별로 효과가 없습니다.

고기를 잡으려면 낚시를 해야 합니다. 한 사람을 두고 기도하고 계획하고 복음을 전해야 합니다. 깻묵을 던져 고기들이

냄새를 맡고 모여들게 합니다. 그러나 결국은 고기가 그물 안에 들어왔을 때 그물을 당기고, 미끼를 물었을 때 낚싯줄을 감아 올려야만 고기를 얻을 수 있습니다. 그러므로 적극적으로 복음을 전하여 "영접 기도"를 하도록 하는 것은 아무리 강조해도 지나치지 않습니다. 아픈 사람에게는 기도를 해도 좋으냐고 허락을 맡고 손을 얹고 치유 기도를 하십시오. 담대하게 복음을 전하고 믿음을 행동으로 나타내십시오. 전도의 현장에서 손을 얹어 기도하면 놀라운 표적이 많이 나타납니다.

3. 그리스도의 사랑으로 "내가 그에게 하나님의 마지막 대안"이라는 절박함으로 강권하는 것이다

이집트에서 이스라엘 민족은 매우 고통스러운 상황에 처해 있었습니다. 노예 생활 가운데 아들을 낳으면 다 죽여야 했습니다. 이스라엘의 자손이었던 모세는 하나님의 은혜로 죽음을 면했습니다. 모세는 사십 세에 궁전을 떠나 사십 년 동안 미디안 광야에서 살다가 팔십 세가 되어서 이스라엘 민족을 이끌고 이집트를 나옵니다. 그 때 하나님께서 말씀하셨습니다. "내가 애굽에 있는 내 백성의 고통을 분명히 보고 그들이 그들의 감독자로 말미암아 부르짖음을 듣고 그 근심을 알고"(출 3:7).

우리가 어떤 사람에게 복음을 전하는 상황을 떠올려봅시다. 그 사람은 갈급한 상황에 처했음에도 불구하고 하나님을 알지 못하기 때문에 자신의 상태를 정확하게 인식하지는 못합니다. 그의 사정을 모두 아시고 양쪽을 다 보시는 하나님께서 그에게 나를 보내신 것입니다. 성경은 모세를 보내어 이스라엘 민족을 구원하는 과정을 통해 보냄 받은 자와 구원받을 자를 보여주고 있습니다. 모세는 하나님이 이스라엘 민족을 구원하기 위한 도구였습니다. 하나님께서는 그 계획을 이루기 위해 모세를 이스라엘 민족으로 태어나게 하시고 왕국에서 교육을 받도록 하셨습니다. 드디어 그가 여든 살이 되었을 때 하나님의 음성을 듣고 기적의 지팡이를 들고 떠났습니다. 하나님께서 이스라엘 민족 전체를 구원하신 통로는 모세 한 사람이었습니다. 또한 모세가 하나님께 순종했기 때문에 모세를 통해서 이스라엘 민족에게 열 가지 기적을 보여주셨습니다.

그리스도는 구원을 바라며 부르짖는 사람의 심령의 외침에 대한 완전하고 온전하며 유일한 해답입니다. 이처럼 인류를 향한 하나님의 대안이 예수 그리스도인 것과 같이 이스라엘 민족을 향한 하나님의 대안은 모세였습니다. 마찬가지로 이 시대, 이 나라에서 구원받지 못한 사람들을 향한 하나님의 대안은 바로 '나'입니다. 내가 접촉하는 사람들을 향한 하나님의 대안은 '나' 뿐입니다. 항상 이 사실을 인식하고 살아가야 합니다. 하나님의 관점에서 사람들을 바라보십시오. 하나님께서는 이들을 구원하시기 위해 모든 일을 마치셨고 이제 내가 할 일만 남아 있습니다. 그를 위해 하나님께서 하신 일, 즉 복음을 전하는 것입니다. 우리 교회는 이 도시와 이 시대의 대안입니다. 혹시 미국 선교사님이 우리 자녀에게 복음을 전하리라 기대하고 계십니까? 이미 오래 전에 우리에게 복음이 전파되었습니다. 우리 자녀에게 복음을 전하는 사람은 나 자신이어야 합니다. 가슴에 품고 있는 선교지가 있습니까? 머릿속에 자꾸 떠오르는 친구나 동료가 있습니까? 그들에 대한 관심과 사랑은 우연이 아닙니다. 성령님께서 그를 위해 기도하고 영혼을 구원하려고 나를 부르셨기 때문입니다. 그것은 마치 사백 삼십 년 간의 노예 생활에서 이스라엘 민족을 구하기 위해 모세를 부르신 것과 같습니다.

제 3 장

영혼 구원자의 사명

1. 전도는 하나님의 심장 박동이다

하나님의 계시로 쓰인 성경에는 하나님의 뜻이 무엇이고 하나님의 관심이 어디에 있는지 담겨 있습니다. 하나님께서는 우리를 너무나 사랑하셔서 우리가 구원받을 수 있도록 아들 예수님을 보내 주셨습니다. 하나님의 뜻이 우리의 영혼을 구원하는 것이기 때문에 하나님의 관심 역시 잃어버린 영혼에 있습니다. 그러므로 전도는 **하나님의 심장 박동**이라고 했습니다. "나는 악인이 죽은 것을 기뻐하지 아니하고 악인이 그 길에서 돌이켜 떠나 사는 것을 기뻐하노라"(겔 33:11). 즉 하나님은 우리가 심판을 받고 저주 가운데 살기를 바라지 않으시고 구원받기를 간절히 원하십니다. 많은 사람들이 하나님은 죄를 심판하시는 분이시고 그 죄 때문에 우리를 미워하신다고 여기며 하나님을 무섭고 두려운 존재로 인식합니다. 그러나 사실은 그와 정반대입니다. 하나님께서는 우리의 죄 값을 우리에게 돌리지 않으시고 자기 아들을 보내셔서 우리의 죄를 담당하게 하셨습니다. 정작 죄를 지은 우리는 하나님께 관심도 없고 화해할 의지도 없음에도 불구하고 하나님께서는 우리가 하나님께로 돌아갈 수 있도록 할 수 있는 일을 다 하셨습니다. 이와 같이 성경을 통해 하나님께서 하신 일을 살펴보면 잃어버린 영혼에 대한 그분의 관심이 얼마나 큰지 알 수 있습니다.

> 내가 또 주의 목소리를 들으니 주께서 이르시되 **내가 누구를 보내며 누가 우리를 위하여 갈꼬** 하시니 그 때에 내가 이르되 내가 여기 있나이다 나를 보내소서 하였더니 　　　　사 6:8

이사야 선지자가 하나님의 음성을 들었습니다. 하나님께서는 영혼을 구원하기 위해 "내가 누구를 보내며 누가 우리를 위하여 갈꼬"라고 하셨습니다. 성령 인도를 받는 가장 쉬운 방법 중 하나는 영혼을 구원하는 방향으로 움직이는 것입니다. 하나님의 사랑의 흐름을 따라 "하나님의 사랑이 나를 어느 쪽으로 인도하시나?", "어느 쪽을 선택하는 것을 하나님이 더 기뻐하실까?", "어느 쪽을 선택하는 것이 하나님의 심장 박동, 즉 영혼 구원에 유익한 일이 될까?"를 생각해 보십시오. 그것이 곧 하나님의 뜻입니다.

2. 영혼 구원은 예수 그리스도께서 세상에 오신 이유이다

예수 그리스도께서 세상에 오신 이유도 오직 영혼을 구원하기 위해서입니다. "인자가 온 것은 잃어버린 자를 찾아 구원하려 함이니라"(눅 19:10). 예수 그리스도께서 우리를 대신해서 죽으시고 죄의 값을 치르신 것도 우리의 영혼을 구원하기 위해서입니다. "하나님이 세상을 이처럼 사랑하사 독생자를 주셨으니 이는 그를 믿는 자마다 멸망하지 않고 영생을 얻게 하려 하심이라"(요 3:16). 하나님께서 잃어버린 영혼을 찾기 위해 예수님을 보내셨습니다. 그리스도인이 이 땅에 머무는 것도 영혼을 구원하기 위해서입니다. 교회가 존재하는 이유도 영혼을 구원하기 위해서입니다.

3. 불신자는 아직도 어둠 속에 있기 때문이다

불신자는 아직도 어둠 속에 있습니다. 그들이 구원받지 못한 이유는 죄를 지어서가 아닙니다. 하나님께서 예수 그리스도를 통하여 죄의 문제를 해결하셨다는 사실을 알지 못하기 때문입니다. 또한 그들이 알지 못하는 이유는 아무도 알려주지 않았기 때문입니다. 예수 그리스도의 십자가와 복음의 비밀을 듣지 못하도록 방해하고 어둠 속에 머물도록 하는 것은 모두 사탄의 전략입니다.

다양한 미디어를 통해서 교회와 목회자와 그리스도인들에 대한 비판적이고 악의적이거나 과장된 정보들이 확산됩니다. 마귀는 사람들이 복음을 듣기 전에 그리스도인들의 잘못된 행위에 대한 부정적인 정보를 먼저 받아들이게 함으로써, 사람들이 계속 어둠 속에 갇혀 있도록 조장합니다. 불신자들을 만나 이야기해 보면 교회, 목회자, 하나님에 대해 얼마나 부정적인 생각을 하고 있는지 놀랍습니다.

뿐만 아니라 그리스도인에 대한 부정적인 경험을 한 사람들도 많습니다. 지하철에서 소리 지르며 노방전도 하는 것을 보고 어떤 사람들은 그리스도인이 공중도덕도 안 지킨다고 불쾌해 합니다. 사탄은 모든 미디어를 통하여 하나님과 그리스도와 교회를 비웃는 자들의 이론과 편견으로 복음을 듣지 못하도록 방해합니다. 그러나 그리스도인들은 빛을 가로막고 있는 어둠이 걷히고, 그들에게도 예수 그리스도의 얼굴에서 빛나는 하나님을 아는 계시가 열리도록 기도해야 하며, 그들에게 다가가서 복음으로 그들의 문제를 해결해 주어야 합니다. 복음만이 인간의 모든 문제에 대한 유일한 해답이요 능력이기 때문이며, 우리가 하나님의 유일한 대안이기 때문입니다.

4. 죄인들이 갈 영원한 지옥불이 실제로 존재하기 때문이다

죄인들이 갈 영원한 지옥불이 실제로 존재하기 때문입니다. "모든 사람이 죄를 범하였으매 하나님의 영광에 이르지 못하더니"(롬 3:23), "죄의 삯은 사망이요 하나님의 은사는 그리스도 예수 우리 주 안에 있는 영생이니라"(롬 6:23). 성경 말씀을 통해 우리는 이 사실을 믿기 때문에 우리 자신뿐 아니라 구원받지 못한 다른 영혼들이 지옥불에 가는 것을 원치 않습니다.

5. 예수 그리스도를 통하여 하나님의 나라에 들어갈 수 있기 때문이다

오직 예수님을 통해서만 하나님의 나라에 들어갈 수 있기 때문입니다. 예수 그리스도를 믿음으로써 우리는 구원을 받을 뿐 아니라 거듭남으로써 하나님의 자녀로 살아가는 새로운 삶이 시작되기 때문입니다.

6. 성령님을 보내주신 가장 큰 이유이기 때문이다

우리에게 성령님을 보내주신 가장 큰 이유는 영혼 구원을 위해서입니다. "오직 **성령이 너희에게 임하시면** 너희가 권능을 받고 예루살렘과 온 유대와 사마리아와 **땅 끝까지 이르러 내 증인이 되리라** 하시니라"(행 1:8). 성령의 권능을 받은 우리가 할 일은 "땅 끝까지 이르러 내 증인이 되리라" 즉 예수 그리스도의 증인이 되어 땅 끝까지 복음을 전하는 것입니다. 사도행전의 이 말씀은 기독교의 기본 진리를 명료하게 잘 설명하고 있습니다.

7. 주님께서 우리에게 명령하여 보내신 큰 사명이기 때문이다

예수께서 나아와 말씀하여 이르시되 하늘과 땅의 모든 권세를 내게 주셨으니 그러므로 너희는 가서 모든 민족을 제자로 삼아 아버지와 아들과 성령의 이름으로 세례를 베풀고 내가 너희에게 분부한 모든 것을 가르쳐 지키게 하라 볼지어다 내가 세상 끝날까지 너희와 항상 함께 있으리라 하시니라   마 28:18-20

전도는 주님께서 우리를 보내신 이유이자 우리에게 주신 큰 사명입니다. 그러므로 전도는 모든 그리스도인이 가장 열심을 내야 할 삶의 목적입니다.

8. 교회의 삶과 사명이기 때문이며, 전도하지 않으면 교회는 없어지기 때문이다

전도는 교회의 삶이자 사명입니다. 영혼을 구원하기 위해서 교회가 존재하는 것입니다. 만약 전도에 실패한다면 교회는 다음 세대로 이어지지 못하고 한 세대 만에 사라질 것입니다. 특히 교회의 어린이, 청소년, 청년부가 성장하지 않고 있다면 현재 성인들이 아무리 많아도, 부흥이 있어도 지속 가능하지 않은 부흥임은 자명합니다. 특히 세계관이 형성되는 가장 중요한 시기인 12세 이전에 복음을 전하고 말씀을 가르치는 것은 다음 세대를 위한 가장 확실한 투자란 사실들이 최근의 리서치를 통해서도 확인되었습니다.

제가 선교지에서 만난 훌륭한 선교사님들은 대부분 어려서부터 신앙생활을 통해 선교적 삶에 대한 확신을 가졌고, 대학에 다닐 때는 실제로 전문적으로 자신을 준비하며 훈련했던 분들이었습니다. 뿐만 아니라 그런 선교사들을 후원하는 분들도 대부분 마찬가지였습니다. 그러므로 대학을 졸업할 때까지 어떻게 신앙생활을 했느냐가 결정적이라고 생각합니다. 선교사가 되든지 선교 후원자가 되든지 삶의 현장에서 선교사적 사명으로 그리스도의 증인으로 사는 것은 하나님이 주신 사명입니다. 하나님 나라에 큰 유익을 끼치는 선교사, 복음 사업가, 영향력 있는 일꾼들을 키우려면 이십대 중반 이전에 이 복음과 영혼 구원, 선교에 대한 사명까지 깨우치도록 해야 합니다.

대학교를 졸업할 때까지 사명에 대한 계시가 없으면 직장이나 결혼과 같이 눈앞에 다가오는 문제들에 관심을 쏟으며 그것이 삶의 중심을 차지하게 됩니다. 그렇게 되면 성경 말씀이 심령 가운데 잘 심겨지지 않습니다. 특히 우리나라는 청소년기와 청년기에 학습에 투자하는 시간이 절대적으로 많기 때문에 세상의 지식에만 근거한 세계관을 가지게 되어 성경적 가치관에 근거한 세계관을 갖게 하기는 매우 어렵습니다. 세상을 변화시키고 자기 생애를 드릴 수 있는 젊은이들이 하나님의 뜻을 구하지 않도록 방해하는 것은 사탄의 전략입니다.

그러므로 가정과 교회는 자녀들의 신앙생활에 대한 책임의 중요성을 확실히 깨닫고 말씀을 가르치고 삶으로 보여주며 가치관과 습관이 되도록 하는 일에 전심해야 합니다. 장년들 가운데에서도 영적 아기들이 계속 태어나야 하지만 어린이, 청소년, 청년 전도에 더 큰 비중을 둘 필요가 있습니다. 우리 교회에서 전통적인 찬송가를 많이 부르지 않는 이유는 가사와 멜로디의 문제도 있지만 청년들에게 맞지 않기 때문입니다. 젊은 세대, 어린 세대들이 감성에 맞는 찬양을 하고 그들이 은혜 받는 예배가 되어야 교회에 소망이 있습니다. 나이 든 세대에게 편하고 익숙한 찬양과 예배만 고집한다면 시간이 갈수록 교회의 평균 연령은 높아지고 그런 교회는 미래가 없습니다. 그러므로 기성세대가 좀 불편하더라도 다음 세대가 좋아하고 잘 적응할 수 있는 교회 문화를 만들어야 합니다.

9. 전도하지 않으면 주님의 재림이 지체되기 때문이다

주님의 재림의 시간표는 영혼 구원에 맞추어져 있습니다. 모든 족속에게 복음이 전파되면 이방인의 때가 끝나고 주님이 재림하실 것을 성경은 예언하고 있습니다.

이 천국 복음이 모든 민족에게 증언되기 위하여 온 세상에 전파되리니 그제야 끝이 오리라　　　　　　　　　　마 24:14

사랑하는 자들아 주께는 하루가 천 년 같고 천 년이 하루 같다는 이 한 가지를 잊지 말라 주의 약속은 어떤 이들이 더디다고 생각하는 것 같이 더딘 것이 아니라 오직 주께서는 너희를 대하여 오래 참으사 아무도 멸망하지 아니하고 다 회개하기에 이르기를 원하시느니라　　　　　　　　　　벧후 3:8-9

10. 거듭난 후에도 그리스도인들이 이 땅에 남아 있는 이유이기 때문이다

직설적인 표현이지만 거듭난 후에도 그리스도인들이 이 땅에 남아 있는 이유는 전도하기 위해서입니다. 만약 하나님께서 교회의 구원에만 관심이 있으시다면 교회는 더 이상 이 땅에 존재할 이유가 없으니 빨리 천국으로 옮겼어야 할 것입니다. 그러나 이 땅에 대한 하나님의 뜻은 그리스도인들과 그들이 영향력을 끼치는 곳에서 영혼을 구원함으로써 제자를 만들어 하나님의 나라를 확장하는 것입니다.

11. 우리는 세상의 빛이기 때문이다

"너희는 세상의 빛이라 산 위에 있는 동네가 숨겨지지 못할 것이요"(마 5:14). 하나님께서는 우리를 세상의 빛이라고 하셨습니다.

> 내가 세상에 속하지 아니함 같이 그들도 세상에 속하지 아니하였사옵나이다 그들을 진리로 거룩하게 하옵소서 아버지의 말씀은 진리니이다 **아버지께서 나를 세상에 보내신 것 같이 나도 그들을 세상에 보내었고**　　　　요 17:16-18

거듭남으로써 우리는 하나님의 생명과 본성을 가지고 있습니다. 우리는 세상의 빛이고 세상에 보냄을 받은 자입니다. 세상의 소금입니다. 산 위의 마을입니다. 빛과 소금의 속성을 자연스럽게 삶과 인격에서 드러낼 수 있습니다. 그리스도인은 진리로 세상을 밝히므로 세상 사람들이 마귀의 어둠으로부터 눈을 뜨고 빛으로 나오게 합니다.

12. 영혼을 구원하는 것은 지혜로운 일이기 때문이다

영혼을 구원하는 것은 지혜로운 일입니다. "의인의 열매는 생명나무라 지혜로운 자는 사람을 얻느니라"(잠 11:30). 예수님을 믿지 않는 사람이 그리스도인을 만나는 것은 복된 일입니다. 그리스도인을 만나면 생명을 얻고 구원을 받습니다. "지혜 있는 자는 궁창의 빛과 같이 빛날 것이요 많은 사람을 옳은 데로 돌아오게 한 자는 별과 같이 **영원토록 빛나리라**"(단 12:3). 영혼만이 영원한 것이고 또 영혼 구원을 위하여 하는 일들만이 주님께 영원한 가치가 있는 것입니다. 그밖에 이 땅에서 우리가 하는 일 중에 영원한 것은 하나도 없습니다.

13. 영혼 구원자만 아는 참된 기쁨이 있기 때문이다

"만일 복음을 전하지 아니하면 내게 화가 있을 것이로다"(고전 9:16). 바울의 이 말은 복음의 긴급성과 그가 받은 은혜가 얼마나 컸으며 그에게 얼마나 책임감을 가지게 하였는지 보여줍니다. 그러나 이런 책임감은 주님의 명령이므로 순종해야 하는 의무감이 아니라 바로 자신을 구원한 그리스도의 사랑에 대한 계시로부터 온 것이었습니다. "그리스도의 사랑이 우리를 강권하시는도다"(고후 5:14). 그리스도의 사랑에 대한 계시가 깊어질수록 우리는 복음을 전하지 않을 수 없게 됩니다.

하나님은 말씀과 성령으로 우리를 낳으셨기 때문에 우리의 아버지이십니다. 예수 그리스도는 피 값으로 우리를 사셨기 때문에 우리의 주인이십니다. 성령님은 우리 안에 계시면서 주님의 일을 함께 하시는 동역자이십니다. 성령님을 일컫는 보혜사란 말은 우리가 일꾼이고 성령님은 우리의 일을 도와주시는 분이라는 의미입니다. 성령님은 하나님이시기 때문에 나와 나의 전도 대상자에 대한 전도의 전략과 구체적인 방법과 때를 다 알고 계십니다. 우리는 성령님의 가르침과 지시를 받아 지혜롭고 효과적인 영혼 구원자가 될 수 있습니다. 성령님은 추수의 주인이시기 때문입니다.

영혼 구원의 전략가이신 성령님

우리에게는 복음도 있고, 메시지도 있고, 축복의 말씀도 다 있는데 하나님께서 우리를 누구에게 보내시는지를 아는 것도 중요합니다. 즉, 복음 전도나 교회 개척이나 사역지를 옮기는 것에서도 최고의 전략가이신 성령님께서 가라고 하신 곳에 가는 것이 정말 중요합니다.

1. 아브라함의 경우

> 여호와께서 아브람에게 이르시되 너는 **너의 고향과 친척과 아버지의 집을 떠나 내가 네게 보여 줄 땅으로 가라** 내가 너로 큰 민족을 이루고 네게 복을 주어 네 이름을 창대하게 하리니 너는 복이 될지라 너를 축복하는 자에게는 내가 복을 내리고 너를 저주하는 자에게는 내가 저주하리니 땅의 모든 족속이 너로 말미암아 복을 얻을 것이라 하신지라 **이에 아브람이 여호와의 말씀을 따라갔고** 롯도 그와 함께 갔으며 아브람이 하란을 떠날 때에 칠십오 세였더라   창 12:1-4

하나님께서는 아브라함에게 "너의 고향과 친척과 아버지의 집을 떠나"라고 말씀하셨습니다. "어디로 가라"가 아니라 여기를 "떠나라"고 하셨습니다. "어디로 갈까요?" 목적지도 몰랐습니다. "내가 네게 보여 줄 땅으로 가라." 아브라함은 그 말씀에 순종했습니다. 하나님께서는 아브라함이 젖과 꿀이 흐르는 가나안 땅에 도착했을 때 비로소 "여기"라고 알려주셨습니다. 아브라함은 고향을 떠날 때까지도 어디로 가는지 알지 못했고 자신과 후손들이 차지할 것이라고 하는 땅이 어디 있는지도 알지 못했습니다. 하나님께서는 우리를 아브라함과 같은 방법으로 인도하십니다. 우리가 한 단계 순종해서 "그 곳"까지 갔을 때에 그 다음 단계를 알려주십니다.

2. 엘리야의 경우

길르앗에 우거하는 자 중에 디셉 사람 엘리야가 아합에게 말하되 내가 섬기는 이스라엘의 하나님 여호와께서 살아 계심을 두고 맹세하노니 내 말이 없으면 수 년 동안 비도 이슬도 있지 아니하리라 하니라. 여호와의 말씀이 엘리야에게 임하여 이르시되 **너는 여기서 떠나 동쪽으로 가서 요단 앞 그릿 시냇가에 숨고 시냇물을 마시라 내가 까마귀들에게 명령하여 거기서 너를 먹이게 하리라.** 그가 여호와의 말씀과 같이 하여 곧 가서 요단 앞 그릿 시냇가에 머물매 까마귀들이 아침에도 떡과 고기를, 저녁에도 떡과 고기를 가져왔고 그가 시냇물을 마셨으나 **땅에 비가 내리지 아니하므로 얼마 후에 그 시내가 마르니라.** 여호와의 말씀이 엘리야에게 임하여 이르시되 **너는 일어나 시돈에 속한 사르밧으로 가서 거기 머물라** 내가 그 곳 과부에게 명령하여 네게 음식을 주게 하였느니라. **그가 일어나 사르밧으로 가서 성문에 이를 때**에 한 과부가 그 곳에서 나뭇가지를 줍는지라 이에 불러 이르되 청하건대 그릇에 물을 조금 가져다가 내가 마시게 하라. 왕상 17:1-10

엘리야가 사르밧 과부에게 보내심을 받아서 그 곳에서 가뭄을 피하는 이야기입니다. 하나님께서는 엘리야에게도 "너는 여기서 떠나"라고 하셨습니다. 전도 뿐 아니라 우리가 무슨 일을 하고 있든지 성령 인도를 통해 하나님이 떠나라고 하셨다면 그것에 순종하는 것은 매우 중요합니다. 두려워하지 말고 믿음으로 떠나야 합니다. 엘리야가 어떻게 했는지 보십시오. "동쪽으로 가서 요단 앞 그릿 시냇가에 숨고 그 시냇물을 마시라." 엘리야는 그대로 순종했습니다. 순종의 결과로 까마귀들이 떡과 고기를 가져오는 기적이 일어났습니다. 그리고 세월이 지나 땅에 비가 내리지 아니하므로 얼마

후에 그 시내가 마르자 하나님께서 다시 말씀하셨습니다. "너는 일어나 시돈에 속한 사르밧으로 가서 거기서 머물라." 이번에도 구체적인 장소는 없고 사르밧 지역으로 가라고만 하셨습니다. "그가 일어나 사르밧으로 가서 성문에 이를 때" 엘리야는 하나님의 말씀에 순종했고 그 곳에서 한 과부를 만났습니다. 하나님께서 그 과부를 통해 놀라운 기적을 행하시고 엘리야는 삼 년 반 동안 긴 가뭄 속에서도 식량을 공급받을 수 있었습니다.

3. 바울의 경우

성령이 아시아에서 말씀을 전하지 못하게 하시거늘 그들이 브루기아와 갈라디아 땅으로 다녀가 무시아 앞에 이르러 **비두니아로 가고자 애쓰되 예수의 영이 허락하지 아니하시는지라.** 무시아를 지나 드로아로 내려갔는데 **밤에 환상이 바울에게 보이니** 마게도냐 사람 하나가 서서 그에게 청하여 이르되 마게도냐로 건너와서 우리를 도우라 하거늘 바울이 그 환상을 보았을 때 우리가 곧 마게도냐로 떠나기를 힘쓰니 **이는 하나님이 저 사람들에게 복음을 전하라고 우리를 부르신 줄로 인정함이러라** … 두아디라 시에 있는 자색 옷감 장사로서 하나님을 섬기는 루디아라 하는 한 여자가 말을 듣고 있을 때 주께서 그 마음을 열어 바울의 말을 따르게 하신지라. 그와 그 집이 다 세례를 받고 우리에게 청하여 이르되 만일 나를 주 믿는 자로 알거든 내 집에 들어와 유하라 하고 강권하여 머물게 하니라.

행 16:6-15

루디아 같은 사람이 있는 빌립보 교회는 바울의 유럽 선교를 계속 후원하는 교회였습니다. 추수의 주인이신 성령님이 이런 전략을 가지고 사도 바울이 아시아를 떠나 마케도니아 즉 현재의 유럽 대륙의 첫 도시로 가도록 인도하신 것을 우리는 나중에 전체 이야기를 읽을 때에야 알 수 있습니다.

4. 빌립의 경우

그때 주의 천사가 빌립에게 말하기를 "**일어나서 남쪽을 향해 예루살렘에서 가자에 이르는 길까지 가라** 그 길은 사막이라." 하니 **그가 일어나서 떠나더라.** … 그때 성령께서 빌립에게 말씀하시기를 "가까이 가서 이 마차에 함께 타라." 하시더라.

행 8:26-27, 29 (한글킹제임스)

빌립이 에티오피아의 내시를 전도한 이야기는 어떻게 시작되고 있습니까? 먼저 천사를 통해 하나님께서 빌립에게 말씀하셨습니다. "예루살렘에서 가자에 이르는 길까지 가라." 말씀을 듣자 빌립은 "일어나서 떠나더라." 즉시 순종했습니다. 지금도 하나님께서는 성령의 음성을 듣고 즉시 순종하는 사람을 영혼 구원의 도구로 사용하십니다.

순종이란 무엇입니까? 첫째, 순종은 하나님의 말씀을 근거로 행동하는 것입니다. 성경 말씀이 우리에게 "가라"고 하셨으므로 가기 위해서 굳이 성령의 음성을 기다릴 필요는 없습니다. 우리가 할 일은 말씀대로 "가는" 것입니다. 이와 같이 말씀에 근거하여 행동하는 삶이 믿음의 삶입니다. 둘째, 순종은 하나님께서 하라고 하신 것을 행동으로 옮기는 것이고 이것이 하나님을 경외하는 삶입니다. 셋째, 순종은 하나님께서 나를 신뢰하실 수 있도록 자신을 기꺼이 내어 드리는 것이고 이것이 헌신의 삶입니다. 성경에는 하나님께서 가라고 하실 때 순종하는 사람들의 이야기가 무수히 많이 나옵니다. 우리에게 일어날 수 있는 최고의 일은, 우리가 하나님의 장소에, 하나님의 때에, 하나님의 목적을 위한 곳에 있는 것을 발견하는 것입니다. 하나님은 오직 기꺼이 순종하는 사람을 사용하십니다.

하나님께서 가라고 하시는 곳

1. 하나님이 사랑하시는 사람이 있는 곳이다

만약 하나님께서 당신에게 어디로 가라고 하시면 "여기는 어떻게 합니까? 거기에 가면 나는 아무 대책이 없습니다.", "그 곳은 제가 가고 싶은 곳이 아닙니다." 등의 이유를 대지 마십시오. 왜냐하면 그 곳에는 하나님께서 사랑하시는 사람이 있기 때문입니다. 하나님께서는 선지자 엘리야만 사랑하신 것이 아니라 사르밧 과부도 사랑하셨습니다. 사르밧 과부 또한 하나님을 사랑하고 믿음이 있어서 엘리야를 섬길 수 있는 사람이었습니다.

2. 하나님을 갈망하는 사람이 있는 곳이다

하나님께서 우리를 그곳에 보내시는 이유는 하나님을 갈망하는 사람이 그곳에 있기 때문입니다. 이 사실을 하나님만 알고 계시기 때문에 그곳에 순종하는 사람을 보내십니다. 마차 안에는 하나님을 갈망하는 에티오피아 왕의 내시가 타고 있었습니다. 하나님께서 그의 갈망을 보시고 하나님께 순종할 사람으로 빌립을 택하여 명령하셨습니다. 우리가 해야 할 일은 하나님께 순종하는 것 뿐입니다. 이십 명, 삼십 명을 전도했는데 그 중에서 단 몇 명만이 영접을 하거나 그들이 교회에 나오지 않는다고 해도 낙담하지 마십시오. 하나님 말씀에 순종하고 있으면 반드시 갈급한 사람을 보내주십니다. 어느 날 잘 익은 과일을 따듯이 복음에 갈급한 영혼을 만나 너무나 쉬운 영혼 구원을 경험하게 될 것입니다. 하나님은 양쪽을 다 보고 계시는 분이므로 우리가 주님의 말씀에 믿음으로 순종하며 주님의 사랑으로 영혼을 사랑할 때 준비된 영혼을 주님께서 나의 그물로 보내 주십니다. 마치 주님의 명령에 순종한 베드로의 낚시를 한 세겔 문 물고기가 물었던 것처럼 말입니다.

3. 하나님께서 나를 신뢰하시고 내게 사명을 주어서 보내신 곳이다

그리스도인은 "너희는 온 천하 만민에게 가서 복음을 전하라"는 명령을 받았습니다. 어디로 가야 하는지는 "주님 제가 어디로 갈까요?"라고 기도하고 인도 받으면 됩니다. 하나님께서 그 일을 이루시기 위해서 다른 사람이 아닌 나를 신뢰하시고 나에게 사명을 주셨기 때문에 이는 영광스러운 일입니다.

하나님은 애굽에 있는 이스라엘 민족을 구원해 내기 위해서 모세를 부르셨습니다. 모세는 자신의 사명을 알고 있었지만 나이 팔십이 되어 하나님을 만날 때까지 그 꿈을 이루지 못하고 아마도 거의 포기하거나 잊어버리고 살고 있었을 것입니다. 그러나 하나님께서는 모세를 신뢰하셨고 모세가 사명을 감당하여 이스라엘 민족을 구원하도록 그를 애굽으로 보내셨습니다. 하나님이 사랑하는 백성이 있었고, 하나님을 갈망하여 구원의 손길을 기다리고 있을 때, 하나님께서 모세를 신뢰하시고 그에게 사명을 주어 보내셨습니다.

우리가 할 일은 하나님께서 가라고 하신 곳에 가는 것뿐입니다. 나의 순종으로 영혼이 구원되고 교회가 세워집니다. 교회 개척도 마찬가지입니다. 하나님께서는 개척하도록 부른 사람에게 비전을 주십니다. 목사가 하나님이 주신 비전을 붙들고 큰 그림을 그리며 앞으로 나아갈 때 하나님께서는 반드시 그가 전하는 복음과 그가 받은 비전에 끌려오는 사람들을 보내 주십니다.

제 4 장

영혼 구원자의 훈련

하나님은 택한 사람을 부르시고 훈련하신 후에 보내신다

이에 열둘을 세우셨으니 이는 자기와 함께 있게 하시고 또 보내사 전도도 하며 귀신을 내쫓는 권능도 가지게 하려 하심이러라

막 3:14-15

주님은 사역의 초기에 이미 열둘을 불러서 제자로 훈련하셨습니다. 주님이 속량 사역을 마치고 떠나신 후에 구원의 기쁜 소식을 땅끝까지 전할 제자가 필요하기 때문이었습니다. 이스라엘 민족을 구원하시기 위해서는 모세를 부르시고 훈련시켜서 보내셨습니다.

야곱의 형제들을 위해서는 요셉을 선택하셨습니다. 하나님

께서는 야곱의 가족의 생명을 보존하려고 요셉을 선택하셔서, 그에게 꿈을 주시고, 그를 신뢰하고 사명을 맡기셨습니다. 요셉은 잘 알지 못하고 자기에게 맡겨진 일에 충성되게, 어느 곳에 있든지, 하나님 앞에서 거룩한 사람으로 살려고 노력했습니다. 그러나 세월이 지난 후에 요셉은 자신이 이 위대한 하나님의 구원 계획에 중요한 사람으로 사용된 것을 알게 되었습니다. 이후로 이 히브리민족이 수백만이 되는 큰 민족을 이루고 마침내 출애굽하게 되고 예수 그리스도가 이 땅에 오십니다. 출애굽은 예수 그리스도의 인류 구원사역을 미리 보여준 것입니다. 예수 그리스도는 마귀의 자녀들을 속량하여 죄와 저주로부터 해방하여 시온 산에서 하나님 왕국의 사랑받는 백성으로 살 수 있도록 하셨습니다. 최고의 전략가이신 하나님의 세계적인 전략과 역사에서 일어나는 일들은 그리스도인들의 복음 전파 즉 생명을 보존하여 영혼을 구원하기 위한 것입니다.

말콤 글래드웰[1]의 "아웃라이어"를 통해 다시 주목받게 된 "10,000 시간의 법칙"도 성경의 인물들의 삶에 자연스럽게 적용해 볼 수 있습니다. 보통 직장인들도 저녁이나 아침의

---

[1] 말콤 글래드웰(2009), 『아웃 라이어』, 김영사

"세 시간"씩 한 가지 분야를 공부하기를 집중한다면 보통 10년이면 자기 분야의 전문가적 지식과 실력을 쌓을 수 있다는 것입니다. 계산하기 쉽게 하루 3시간씩 한 주에 20시간, 1년 50주면 1,000시간쯤 됩니다. 이렇게 10년이면 10,000시간이 쌓입니다. 예수님은 제자들과 함께 사시는 것으로, 10년을 3년 반 정도로 압축했다고 적용해 볼 수도 있습니다. 지식의 전수만이 아니라 가르치고 보여 주고 동기까지 점검해 주는 일은 삶을 나누는 수준에서 상당한 시간이 필수적입니다. 질 좋은 시간Quality Time은 절대적으로 많은 양적인 시간Quantity Time을 전제로 하는 것입니다.

나를 여기에 두신 하나님의 계획은 무엇인가?

1. 야곱이 받은 훈련

라반이 그에게 말하기를 "만일 내가 네 눈에 은총을 입었다면, 부탁하노니, 머무르라. **나는 이미 너로 인하여 주께서 나에게 복 주셨음을 경험을 통하여 배웠노라.**" 하고 또 그가 말하기를 "네 품삯을 정하라. 그러면 내가 그것을 주겠노라." 하더라.

야곱이 그에게 말하기를 "내가 어떻게 외삼촌을 섬겼는지, 또 외삼촌의 가축이 나와 함께 있으면서 어떻게 되었는지 외삼촌이 아시나이다. 내가 오기 전에는 외삼촌이 가진 것이 적었는데 지금은 증가하여 떼를 이루었나니, 내가 온 이후로 주께서 외삼촌에게 복 주셨나이다. 그런데 이제 나는 언제 내 집을 마련하리이까?" 하니.　　　　　창 30:27-30 (한글킹제임스)

라반은 야곱을 통해 하나님께서 어떻게 복을 주셨는지 알게 되었습니다. "내가 어떻게 외삼촌을 섬겼는지, 또 외삼촌의 가축이 나와 함께 있으면서 어떻게 되었는지 외삼촌이 아시나이다. … 나는 언제 내 집을 마련하리이까?" 물론 야곱에게는 라반과 함께 한 20년이 길고도 힘든 세월이었지만 하나님께서 자신을 두신 그곳에서 복의 근원이 되는 삶을 살았습니다. 하나님께서 야곱을 라반의 집에 머물게 하신 이유는 무엇일까요? 그곳에서 야곱의 믿음이 자라났고 라반은 야곱을 통해 하나님의 축복을 경험했습니다. 야곱과 같이 하나님께서 우리를 보내신 곳에서 좋은 열매를 맺고 살아가는 것은 우리가 전도할 수 있는 능력이자 배경이 됩니다. 그러므로 우리가 알지는 못하지만 각 사람을 향한 하나님의 왕국 안에서의 하나님이 가지고 계신 탁월한 전략이 있다는 것을 믿을 수 있습니다.

야곱을 향한 하나님의 계획이 얼마나 위대한 것이었습니까? 야곱은 그 곳에서 두 명의 부인과 두 명의 여종 사이에서 열두 명의 자녀들을 얻고 그들이 이스라엘 민족의 열두 지파가 되었습니다. 야곱을 통해 하나님의 민족이 세워지고 하나님의 왕국이 건설되는 위대한 계획이 이루어졌습니다.

2. 요셉이 받은 훈련

> 요셉이 형들에게 이르되 내게로 가까이 오소서. 그들이 가까이 가니 이르되 나는 당신들의 아우 요셉이니 당신들이 애굽에 판 자라 당신들이 **나를 이 곳에 팔았다고 해서 근심하지 마소서 한탄하지 마소서 하나님이 생명을 구원하시려고 나를 당신들보다 먼저 보내셨나이다.** 창 45:4-5

요셉이 하나님의 전략을 발견하는 장면입니다. 세월이 지난 후에 자신의 인생을 돌아보니 그 일로 인하여 자기 형제들과 조카들까지 이집트로 왔고 거기에서 큰 민족을 이루는 것이 하나님의 계획이었음을 알게 된 것입니다. 하나님의 큰 그림에서 요셉이 어떻게 사용되었는지 고백하는 말입니다. 그러므로 하나님께서 나를 어떤 상황에 두셨을 때 내가 타고 있는 마차가 하나님의 어떤 계획 가운데 있는지를 항상 먼저 생각해야 합니다. 그리스도인이 이 땅에 살면서 가장 먼저 구해야 할 것이 하나님의 나라이기 때문입니다.

3. 바울이 받은 훈련

> 여러 날이 걸려 금식하는 절기가 이미 지났으므로 항해하기가 위태한지라 바울이 그들을 권하여 말하되 여러분이여 **내가 보니 이번 항해가 하물과 배만 아니라 우리 생명에도 타격과 많은 손해를 끼치리라 하되 백부장이 선장과 선주의 말을 바울의 말보다 더 믿더라**   행 27:9-11

바울이 체포되어 로마로 잡혀갈 때의 일입니다. 바울은 이런 상황에서도 하나님의 계시를 받고 사람들에게 말했습니다. "내가 보니 이번 항해가 하물과 배만 아니라 우리 생명에도 타격과 많은 손해를 끼치리라." 이 때 바울은 "기도했다", "하나님의 음성을 들었다", "환상을 보았다"라고 하지 않고 "내가 보니 I perceive"라고 했습니다. 즉 "인식했다", "영으로 느꼈다"는 의미입니다. 백부장은 바울을 믿지 않았지만 결국 바울이 말한 대로 배에 타고 있던 많은 사람들의 목숨이 위험에 처합니다.

내가 너희를 권하노니 이제는 안심하라. 너희 중 아무도 생명에는 아무런 손상이 없겠고 오직 배뿐이리라. 내가 속한 바 곧 내가 섬기는 하나님의 사자가 어제 밤에 내 곁에 서서 말하되 바울아 두려워하지 말라 네가 가이사 앞에 서야 하겠고 또 하나님께서 **너와 함께 항해하는 자를 다 네게 주셨다** 하였으니 그러므로 여러분이여 안심하라. **나는 내게 말씀하신 그대로 되리라고 하나님을 믿노라.** 행 27:22-25

배에 타고 있던 많은 사람들과 함께 목숨을 잃을 뻔한 상황에서 미결수 신분이었던 바울은 이와 같이 놀라운 선언을 합니다. 바울이 구원받아야 하고 가이사 앞에 서야 하기 때문에 하나님께서 천사를 통해 미리 알려주시고 그들을 모두 구하셨습니다. 그뿐 아니라 이 사선을 통해 바울이 그늘에게 하나님의 능력을 증거하며 복음을 전할 수 있도록 "하나님께서 나와 함께 항해하는 자들을 다 내게 주셨다."라고 말했습니다. 바울은 그들을 안심시키며 "나는 내게 말씀하신 그대로 되리라고 하나님을 믿는다."라고 선언했습니다.

바울을 향한 하나님의 계획과 바울의 높은 계시를 눈여겨보십시오. 처음에 바울은 "가지 않는 것이 좋겠다."고 조언했습니다. 그러나 그들이 바울의 말을 듣지 않고 모두 죽을 지경이 되자 하나님께서 그 영혼들을 바울에게 주셨습니다. 오늘도 하나님께서는 내가 살고 있는 지역의 영혼들을 나에게 맡기십니다. 또 더 놀라운 것은 그 배는 죄수들을 태우고 로마로 향하고 있었는데 백부장은 로마에 도착하면 죄수들이 도망칠까봐 모두 죽일 생각이었습니다. 결국은 바울 때문에 죽이지 못하고 200여 명이 함께 생명을 건졌습니다.

풍랑 속에 위험한 배에 타고 있든지 라반과 같은 부도덕한 주인 밑에 있든지 우리가 복음을 가지고 있고 사명을 구하고 있으면 그 곳에서 하나님의 위대한 계획과 전략이 성취됩니다. 정확한 복음을 가지고 하나님이 가라고 하시는 곳에 가는 것이 우리가 할 일입니다. 하나님께서 주신 사명을 붙잡고 순종할 때 하나님께서 나머지 것들을 책임지십니다. 또한 항상 하나님이 우리를 향하여 가지고 있는 큰 그림이 무엇인지 하나님의 관점에서 자신을 바라보고 영혼 구원의 관점에서 다른 사람들을 바라보아야 합니다. '나로 인해 내 직장이 복음화 될 것이다.', '나로 인해 이 나라가 변화할 것이다.', '나로 인해 열방이 구원받게 될 것이다.' 이렇게 바라보며 선포하고 믿음으로 행할 때 하나님께서 나의 믿음대로 내가 구하고 바라는 것 이상을 이루어 주십니다.

그리스도인은 파수꾼이다

칠 일 후에 여호와의 말씀이 내게 임하여 이르시되, **인자야 내가 너를 이스라엘 족속의 파수꾼으로 세웠으니** 너는 내 입의 말을 듣고 나를 대신하여 그들을 깨우치라. 가령 내가 악인에게 말하기를 너는 꼭 죽으리라 할 때에 네가 깨우치지 아니하거나 말로 악인에게 일러서 그의 악한 길을 떠나 생명을 구원하게 하지 아니하면 그 악인은 그의 죄악 중에서 죽으려니와 내가 그의 피 값을 네 손에서 찾을 것이고 네가 악인을 깨우치되 그가 그의 악한 마음과 악한 행위에서 돌이키지 아니하면 그는 그의 죄악 중에서 죽으려니와 너는 네 생명을 보존하리라. 또 의인이 그의 공의에서 돌이켜 악을 행할 때에는 이미 행한 그의 공의는 기억할 바 아니라. 내가 그 앞에 거치는 것을 두면 그가 죽을지니 이는 네가 그를 깨우치지 않음이니라. 그는 그의 죄 중에서 죽으려니와 **그의 피 값은 내가 네 손에서 찾으리라.** 그러나 네가 그 의인을 깨우쳐 범죄하지 아니하게 함으로 그가 범죄하지 아니하면 정녕 살리니 이는 깨우침을 받음이며 너도 네 영혼을 보존하리라 … 인자야 **내가 너를 이스라엘 족속의 파수꾼으로 삼음이** 이와 같으니라. 그런즉 **너는 내 입의 말을 듣고 나를 대신하여 그들에게 경고할지어다.** 가령 내가 악인에게 이르기를 악인아 너는 반드시 죽으리라 하였다 하자 **네가 그 악인에게 말로 경고하여 그의 길에서 떠나게 하지 아니하면 그 악인은 자기 죄악으로 말미암아 죽으려니와 내가 그의 피를 네 손에서 찾으리라.** 그러나 너는 악인에게 경고하여 돌이켜 그의 길에서 떠나라고 하되 그가 돌이켜 그의 길에서 떠나지 아니하면 그는 자기 죄악으로 말미암아 죽으려니와 너는 네 생명을 보전하리라. 겔 3:16-21, 33:7-9

파수꾼은 영어로 "watchman"이고 "잡을 파把", "지킬 수守" 즉 도둑을 잡기 위해 지키는 사람입니다. 다른 사람들이 다 자고 있을 때에도 파수꾼은 적의 침입에 대비해서 경계근무를 합니다. 책임감이 없고 신뢰할 수 없는 사람을 파수꾼으로 세워서는 안 됩니다. 우리는 하나님의 파수꾼입니다. 적의 침입으로부터 하나님 나라를 지키기 위해 보초를 서는 사람입니다. 하나님께서는 우리가 파수꾼으로서의 사명감을 가지고 있는가를 기준으로 우리에게 영혼을 맡기십니다. "**그의 피 값**을 네 손에서 찾으리라." 바울도 자신이 복음을 전했기 때문에 모든 **사람의 피**로부터 깨끗하다고 이야기합니다. "그러므로 오늘 여러분에게 증언하거니와 모든 사람의 피에 대하여 내가 깨끗하니"(행 20:26). 하나님께서 복음을 전하라고 기회를 주셨으며 바울은 책임을 다 했다는 것입니다. 하나님께서는 나를 신뢰하셔서 나에게 주님의 양들을 맡기셨습니다. 그러므로 우리는 목자이자 파수꾼으로서 나에게 맡겨진 양들을 돌보고 지켜야 합니다. 복음을 받은 사람들은 자기 세계에서 자신의 접촉하는 범위 안에 있는 복음을 듣지 못한 사람들의 파수꾼입니다. 모든 그리스도인들은 자신의 세계에 있는 모든 사람들의 피로부터 깨끗하기 위해서 반드시 복음을 전해야 합니다. 그러면 의의 면류관을 받습니다.

그리스도인은 목자이다

1. 최고의 목자 야곱

성경 인물 가운데 최고의 목자로 야곱을 꼽을 수 있습니다. 창세기 31장에서 야곱은 목자로서 자신이 한 일들을 이야기하는데 그 내용을 보면 그가 얼마나 탁월한 목자였는지 알 수 있습니다.

내가 이 이십 년을 외삼촌과 함께 하였거니와 외삼촌의 암양들이나 암염소들이 낙태하지 아니하였고 또 외삼촌의 양 떼의 숫양을 내가 먹지 아니하였으며 물려 찢긴 것은 내가 외삼촌에게로 가져가지 아니하고 낮에 도둑을 맞았든지 밤에 도둑을 맞았든지 **외삼촌이 그것을 내 손에서 찾았으므로 내가 스스로 그것을 보충하였으며** 내가 이와 같이 **낮에는 더위와 밤에는 추위를 무릅쓰고 눈 붙일 겨를도 없이 지냈나이다.** 내가 외삼촌의 집에 있는 이 이십 년 동안 외삼촌의 두 딸을 위하여 십사 년, 외삼촌의 양 떼를 위하여 육 년을 외삼촌에게 봉사하였거니와 외삼촌께서 내 품삯을 열 번이나 바꾸셨으며 우리 아버지의 하나님, 아브라함의 하나님 곧 이삭이 경외하는 이가 나와 함께 계시지 아니하셨더라면 외삼촌께서 이제 나를 빈손으로 돌려보내셨으리이다마는 하나님이 내 고난과 내 손의 수고를 보시고 어제 밤에 외삼촌을 책망하셨나이다. 창 31:38-42

남의 양을 돌보는데 한 마리도 낙태하지 않도록 잘 길렀으니 얼마나 훌륭한 목자입니까? 주인의 양이 상처를 입거나 잃어버리면 야곱이 다 물어냈습니다.

"낮에는 더위와 밤에는 추위를 무릅쓰고 눈 붙일 겨를도 없이 지냈나이다." 직장생활이 힘들 때 이 말씀을 떠올리면 도전이 될 것 같습니다. 외삼촌이 야곱에게 양들을 맡기듯이 하나님께서도 목자로서 책임감이 강한 사람에게 영혼을 맡기십니다. 이십 년 동안 힘들고 고된 과정이 있었지만 그것을 아시는 하나님이 야곱의 편이 되어 도와주셔서 끝까지 잘 할 수 있었습니다. 야곱은 남의 양을 지키는 목자였지만 자기 양처럼 돌보며 최고의 목자가 되었습니다.

"너희가 만일 불의한 재물에도 충성하지 아니하면 누가 참된 것으로 너희에게 맡기겠느냐 너희가 만일 남의 것에 충성하지 아니하면 누가 너희의 것을 너희에게 주겠느냐"(눅 16:11-12). 하나님께 신뢰를 얻어야 주님의 피 값을 주고 산 영혼을 맡기십니다. 하나님께서 에티오피아 왕의 내시와 같이 갈급한 사람에게 누구를 보내셨습니까? 하나님이 신뢰하시는 빌립을 보내셨습니다. 내시가 빌립과 같이 하나님으로부터 사명을 받은 사람을 만났기 때문에 에티오피아라는 한 나라가 복음화되었습니다. 이렇게 한 나라의 왕에게 영향력을 행사하는 한 사람이 변화되어 마침내 "왕과 제사장"[2] 같은 환상의 팀을 만들 수 있었을 것입니다.

---

[2] 김진호(2007), 『왕과 제사장』, 믿음의 말씀사

2. 목자였던 다윗 왕

> 다윗이 사울에게 말하되 주의 종이 아버지의 양을 지킬 때에 사자나 곰이 와서 양 떼에서 새끼를 물어 가면 내가 따라가서 그것을 치고 그 입에서 새끼를 건져내었고 그것이 일어나 나를 해하고자 하면 내가 그 수염을 잡고 그것을 쳐 죽였나이다
>
> 삼상 17:34-35

다윗은 하나님께 "내 마음에 맞는 사람이라"(행 13:22)는 최고의 찬사를 받았습니다. 곰이나 사자가 새끼 양을 물어 가면 자기 목숨을 걸고 쫓아가서 찾아왔습니다. 하나님께서는 다윗이 아버지의 양을 지킬 때 이렇게 충성한 것을 아시기 때문에 그를 왕으로 세우셨습니다. 사울 왕 앞에서 골리앗을 때려눕히는 전사가 나온 것입니다. 좋은 목자로서 실력과 중심이 준비되었을 때 하나님은 자신의 뜻을 그를 통해 이루실 수 있었습니다.

> 또 요셉의 장막을 버리시며 에브라임 지파를 택하지 아니하시고 오직 **유다 지파와 그가 사랑하시는 시온 산을 택하시며 그의 성소를 산의 높음 같이, 영원히 두신 땅 같이 지으셨도다**

**또 그의 종 다윗을 택하시되 양의 우리에서 취하시며 젖양을
지키는 중에서 그들을 이끌어 내사 그의 백성인 야곱, 그의 소
유인 이스라엘을 기르게 하셨더니** 이에 그가 그들을 자기 **마음
의 완전함**으로 기르고 그의 **손의 능숙함**으로 그들을 지도하였
도다 His good heart made him a good shepherd; he guided
the people wisely and well.(MSG)   시 78:67-72

요셉의 이야기는 창세기에서 가장 많은 부분을 차지하고 있습니다. 요셉의 두 아들이 이스라엘의 두 지파가 되었습니다. 요셉에게는 아들 므낫세와 에브라임이 있었습니다. 그런데 하나님께서는 에브라임 지파를 택하지 않으시고 야곱의 아들 중 하나인 유다 지파를 택하셨습니다. 그리고 시온 산을 택하시고 그의 성소를 지으셨습니다. 유다 지파를 선택하시고 시온 산을 선택하신 것은 모두 하나님의 주권적인 선택입니다. 그 다음 유다 지파 중에서 한 사람 다윗을 선택하셨습니다. 다윗은 이새의 많은 아들 중에서 막내였습니다. 그런데 하나님은 왜 다윗을 선택하셨을까요? 다윗은 어떤 사람이었습니까? "양의 우리에서 취하시며 젖양을 지키는 중에서 그들을 이끌어 내사 그의 백성인 야곱, 그의 소유인 이스라엘을 기르게 하셨더니." 젖양을 지키는 목자, 파수꾼이었던 다윗을

이스라엘의 왕으로 삼으셨습니다.

왕이 된 다윗은 어떻게 했습니까? 다윗은 "마음의 완전함the integrity of his heart"과 "손의 능숙함the skillfulness of his hands"을 가지고 있었습니다. 즉 하나님의 마음에 합한 마음의 중심과 훈련된 실력을 가지고 이스라엘을 지도했습니다. 우리도 이 두 가지가 준비되었을 때 하나님께서 그분의 양떼를 맡기십니다. 마음의 완전함 즉 중심만으로는 부족하고 손의 능숙함 다시 말해 훈련된 실력을 갖추어야 한다는 것을 명심해야 합니다. 솔로몬을 생각해보십시오. 그가 자신이 실력도 없이 왕이 되었을 때 하나님 앞에 무엇을 구했습니까? "제가 왕 노릇 잘 할 지혜 주십시오." 그랬더니 하나님께서 감동하셔서 지혜뿐만 아니라 장수와 부귀도 함께 주셨습니다(대하 1:10-12). 우리는 손의 능숙함 즉 일을 잘 할 수 있는 실력을 갖추기 위해 공부하고 노력해야 합니다. 목자는 마음의 중심뿐 아니라 양떼를 잘 돌볼 수 있는 실력도 있어야 하는 것입니다.

3. "영원한 목자장" 우리 주 예수 그리스도

예수님은 스스로 자신이 선한 목자라고 말씀하셨습니다(요 10:11). 우리의 선한 목자는 양떼를 위하여 목숨을 버리셨습니다. 뿐만 아니라 베드로는 예수 그리스도가 "너희 영혼의 목자와 감독 되신 이"(벧전 2:25)라고 하였습니다. "그리하면 목자장이 나타나실 때에 시들지 아니하는 영광의 관을 얻으리라"(벧전 5:4). 그분은 목자 가운데서도 목자장이시고 우리는 목자장 아래에 있는 작은 목자들입니다. 셀 교회의 원리도 똑같습니다. 셀 리더가 목자이고 담임 목사는 지역 교회의 목자장입니다. 목사pastor라는 단어의 어원도 목자shepherd에서 왔습니다. 목사란 말은 헬라어 '포이멘poimen'이라는 단어에서 번역된 것으로, '목자'를 의미합니다(엡 4:11).

4. 부활하신 주님이 베드로에게 하신 유일한 부탁 : "내 양을 먹이라"

선한 목자로서 양들을 위해 목숨을 버리신 예수님께서 자기 목숨을 위하여 주님을 부인했던 제자 베드로에게 나타나셨습니다. 요한복음의 마지막 메시지로서 모든 주님의 제자들에게 하시는 주님의 "유일한 부탁"의 말씀입니다.

주님을 사랑하는 제자로서 주님께 대한 사랑의 표현은 주님이 자신의 목숨으로 사신 양을 위해 헌신하는 "목자"의 부르심에 충성하는 것입니다.

그들이 조반 먹은 후에 예수께서 시몬 베드로에게 이르시되 요한의 아들 시몬아 네가 이 사람들보다 나를 더 사랑하느냐 하시니 이르되 주님 그러하나이다 내가 주님을 사랑하는 줄 주님께서 아시나이다 이르시되 내 어린 양을 먹이라 하시고 또 두 번째 이르시되 요한의 아들 시몬아 네가 나를 사랑하느냐 하시니 이르되 주님 그러하나이다 내가 주님을 사랑하는 줄 주님께서 아시나이다 이르시되 내 양을 치라 하시고 세 번째 이르시되 요한의 아들 시몬아 네가 나를 사랑하느냐 하시니 주께서 세 번째 네가 나를 사랑하느냐 하시므로 베드로가 근심하여 이르되 주님 모든 것을 아시오매 내가 주님을 사랑하는 줄을 주님께서 아시나이다 예수께서 이르시되 내 양을 먹이라

요 21:15-19

부흥은 우리를 기다리고 있다

하나님의 부흥의 불을 보지 못하는 것은 우리가 불을 붙이러 나가지 않기 때문입니다. 우리가 복음의 능력을 믿고 나가서 복음을 전하면 그 곳에 부흥이 오는 것입니다. 부흥은 밖으로부터 오는 것이 아닙니다. 어떤 시대에 하나님의 특별한 임재

와 기적이 일어나는 것은 필요한 때에 하나님께서 부어주시는 부흥입니다. 그러나 매일매일 우리가 할 일은 부흥의 때를 기다리며 기도하는 것이 아니라 그리스도 안에서 우리가 할 일을 열심히 함으로써 하나님이 동역하시는 사람으로 사는 것입니다.

성도가 자신이 섬기는 셀 안에서 말씀과 성령을 따라 순종하며 섬기면 그 셀에 부흥이 옵니다. 이와 같은 셀이 많으면 교회에 부흥이 오는 것입니다. 성령의 나타남을 보기 원하고 삶 속에서 그분의 역사를 더 강력하게 체험하고 싶다면, 죄인들이 있는 곳에서 예수 그리스도의 복음을 전하십시오.

지금은 우리의 때이다

대제사장들과 장로들이 무리를 권하여 바라바를 달라 하게하고 예수를 죽이자 하게 하였더니 총독이 대답하여 이르되 둘 중의 누구를 너희에게 놓아 주기를 원하느냐 이르되 바라바로소이다 빌라도가 이르되 그러면 **그리스도라 하는 예수를 내가 어떻게 하랴** 그들이 다 이르되 십자가에 못 박혀야 하겠나이다

마 27:20-22

예수님을 넘겨받은 빌라도가 유대인들에게 묻습니다. "그리스도라 하는 예수를 내가 어떻게 할까?" 유대인들이 대답합니다. "십자가에 못 박으시오." 빌라도는 유대인들의 청을 들어 바라바를 풀어주고 예수 그리스도를 십자가에 못 박습니다.

오늘날 그리스도인들은 빌라도와 같은 위치에 있습니다. 우리의 심령 속의 한 사람 하나님의 아들 예수 그리스도, 그분의 영은 당신의 거듭난 영에 계시며 그분의 말씀이 우리 안에 있습니다. 이제 우리는 그분을 풀어놓거나 묶어두거나 둘 중 하나를 선택해야 합니다. 우리 안에 계신 예수 그리스도의 능력과 기쁨을 풀어놓아 주님의 피로 산 영혼이 구원받을 기회를 줄 것입니까? 아니면 그분을 무시하고 기회를 놓치고 영혼을 놓칠 것입니까? 자신의 안일만을 고려하는 삶을 살 것입니까? 자신이 주인이 되어 살 것입니까? 아니면 주님이 자신의 주인 되는 삶을 살 것입니까?

우리는 책임져야 할 영혼들이 있다는 것을 알고 있습니다. 전도에 대한 책임감이 당신에게 기도하도록 만듭니까? 기도를 하지 않으면 전도에 대한 책임은 알아도, 아버지의 마음은 느껴지지 않습니다. 영혼들을 그리스도께로 인도할 때만 경험할 수 있는 성령님의 위대함이 있습니다. 영혼을 구원할 때보다 성령의 인도와 성령의 능력을 실제로 체험할 수 있는 삶은 없습니다. 그것은 영혼을 구원하기 전까지는 알 수 없는 하나님 안의 깊이이며 하나님을 아는 특별한 방법입니다. 전도하러 가서 병든 자에게 손을 얹고 기도할 때 하나님 왕국의 능력이 흘러나옵니다. 다시 말하면 우리가 복음을 전하기 전에는 알 수 없는 표적과 기사들이 있다는 것입니다. 모든 권세와 능력을 가지신 분이 그분의 이름으로 우리에게 "가라"고 하셨습니다. 우리가 가면 즉 하나님께 순종하면 주님께서 함께 하신다고 약속하셨습니다. 그러므로 하나님 안에 있는 대 사명을 따르는 사람에게만 있는 하나님의 능력과 깊이, 하늘과 땅의 모든 권세가 있습니다. 능력을 추구하지 말고 하나님 안에서 큰 그림을 그리십시오. 그렇게 할 때 하나님께서 병든 자가 낫게 하시고 일꾼을 만나게 하시고 재정이 채워지게 하시고 교회가 세워지게 하십니다.

제 5 장

영혼 구원자의 확신

T. L. 오스본[3] 목사님은 제가 알고 있는 이 시대의 탁월한 복음전도자의 모델입니다. 직접 만나서 강의도 듣고, 한 주간 집회에도 참석하고, 많은 녹화된 비디오 자료들을 통해 전도자의 메시지와 열정을 볼 수 있었습니다. 이 장의 내용은 그가 말하는 복음 전도자의 중심을 가장 잘 드러내는 확신을 정리한 것입니다.

그는 13세 쯤 되어서 오순절 교회 한 전도자의 집회에 참석하여 예수님을 믿고 성령을 받고 방언을 말하게 되었습니다. 가끔 예언도 하고 통역도 하게 되었지만 그는 자기가

---

[3] 좀 더 자세한 내용은 다음의 책을 참고할 것 : T. L 오스본(2008), 『성경적인 치유』, 믿음의 말씀사

받은 것이 무엇인지를 몰랐다고 합니다. 성령을 받고 방언을 하고 예언을 해도 성령님과 은사에 대한 지식이나 가르침이 전혀 없었으므로 그는 자신이 받은 성령의 능력을 사용할 수 없었습니다. 그 후 십대 후반에 결혼하여 한 교회를 담임하는 동안 인도에서 온 선교사의 말씀에 도전을 받고 인도 선교사로 떠났으나, 그곳에 나와 있는 선배 선교사들의 조언대로 사역을 하며 아무 열매도 맺지 못하고 돌아오게 되었습니다.

다시 미국으로 돌아온 그는 하나님께 기도하며 인도를 받게 되었습니다. 그러던 어느 날 해티 해몬드라는 여자 전도자의 집회에 참석하여 "만일 당신이 예수님을 한 번만 볼 수 있다면"이란 설교를 듣고 강한 영적 갈망을 가지고 집으로 돌아왔습니다. 다음날 새벽 예수님이 오스본 목사님의 침실에 나타났다고 합니다. 이 충격적인 사건 이후 그는 새로운 사람이 되었으며, 이어서 오스본 목사 부부는 윌리엄 브래넘의 집회에 참석해서 브래넘의 말 한마디에 청각 장애인이 듣게 되며 많은 놀라운 치유가 일어나는 것을 보면서, "너도 할 수 있어!"라는 주님의 반복되는 격려의 음성을 듣고 큰 도전을 받게 되었습니다.

그 후로 그는 복음서를 읽으면서 주님의 사역을 그대로

따라해야겠다는 결단을 하게 되었습니다. 그 후에 가까운 도시에서 존경하는 치유 사역자의 집회를 참석하려고 했는데 갑자기 그분이 돌아가셨다는 뉴스가 들렸습니다. T. L. 오스본은 다시 기도했습니다. "제가 그 사람에게 가서 하나님께서 어떻게 그를 쓰시는지 배우고 싶었는데 그가 죽었습니다. 이런 치유 사역자가 죽으면 어떻게 합니까?" 그러자 하나님께서 "너는 살아 있지 않느냐? 그 일을 네가 해라!"라고 하셨습니다. 이 음성에 순종하여 T. L. 오스본 목사님이 첫 전도집회를 열자 많은 치유가 일어나기 시작했다고 합니다. 그때부터 T. L. 오스본 목사님의 사역이 세계적인 사역으로 커졌습니다.

바로 이것입니다. 지금 바통이 누구의 손에 와 있습니까? 이 복음을 듣는 자의 손에 왔습니다. 예수님이 말씀하셨습니다. "이 글이 오늘 너희 귀에 응하였느니라"(눅 4:21). 복음을 듣고 깨닫는 순간 그리고 내 것으로 잡는 순간 바통은 내게 있습니다. 다음 선수에게 바통을 전해주는 날까지 우리는 전속력을 다해 달려야 합니다.

> 모든 것이 하나님께로서 났으며 그가 그리스도로 말미암아 우리를 자기와 화목하게 하시고 또 우리에게 화목하게 하는

직분을 주셨으니 곧 하나님께서 그리스도 안에 계시사 세상을 자기와 화목하게 하시며 그들의 죄를 그들에게 돌리지 아니하시고 화목하게 하는 말씀을 우리에게 부탁하셨느니라 그러므로 우리가 그리스도를 대신하여 사신이 되어 하나님이 우리를 통하여 너희를 권면하시는 것 같이 그리스도를 대신하여 간청하노니 너희는 하나님과 화목하라 하나님이 죄를 알지도 못하신 이를 우리를 대신하여 죄로 삼으신 것은 우리로 하여금 그 안에서 하나님의 의가 되게 하려 하심이라

고후 5:18-21

하나님께서 우리를 그분 자신과 화목하게 하셨습니다. 하나님과의 관계에 대해 우리는 더 이상 걱정할 필요가 없습니다. 하나님과 관계를 유지하려고 매일 무엇을 해야 할 필요도 없습니다. 이 확신은 모든 종교와 사람의 신학의 도전에도 조금도 흔들리지 않는 반석입니다. 하나님께 우리는 특별한 사람입니다. 하나님이 이렇게 생각하시는 것을 우리가 모르고 있다면 우리에게는 아무 효과가 없습니다. 우리는 각 사람이 하나님께 특별한 사람이라는 사실을 받아들여야 합니다.

화해의 사역은 하나님의 아이디어였습니다. 하나님은

우리 안에 사십니다. 사람들은 이런 이야기를 들으면 먼저 뉴에이지를 떠올리고 의심부터 합니다. 하나님께서 우리를 받아들이듯이 우리도 우리 자신을 용납해야 합니다. 하나님께서 우리를 보시듯이 우리도 자신을 그렇게 바라보아야 합니다. 그냥 하나님께 동의하고 스스로 이 확신에서 흔들리지 않으면 됩니다. 우리는 하나님과 함께 일하는 동역자입니다. 하나님의 은혜를 헛되이 받지 말아야 합니다. 하나님이 우리를 보시는 것보다 더 낮게 자기 자신을 보지 마십시오.

> 우리가 하나님과 함께 일하는 자로서 너희를 권하노니 하나님의 은혜를 헛되이 받지 말라 고후 6:1

1. 나는 하나님으로부터 왔습니다

모세는 이 문제로 갈등했습니다. 예레미야도 갈등했습니다. 이사야도 갈등했습니다. 그러나 예수님은 달랐습니다. 예수님은 오셔서 "나는 하나님으로부터 왔다!"고 말씀하셨습니다. 그분이 우리의 본입니다.

아버지여, 아버지께서 내 안에, 내가 아버지 안에 있는 것 같이 그들도 다 하나가 되어 우리 안에 있게 하사 세상으로 아버지께서 나를 보내신 것을 믿게 하옵소서   요 17:21

아버지께서 나를 세상에 보내신 것 같이 나도 그들을 세상에 보내었고   요 17:18

내가 느끼든지 못 느끼든지, 나는 하나님으로부터 왔기 때문에 하나님의 일을 할 수 있는 기름부음이 있습니다. 하나님은 나를 능력 있는 사역자로 만드셨습니다. 그분이 나를 미리 정하시고, 부르시고, 의롭게 하시고, 영화롭게 하셨습니다. 이제 그분은 나를 이 복음의 선포자로 보내셨습니다.

또 미리 정하신 그들을 또한 부르시고 부르신 그들을 또한 의롭다 하시고 의롭다 하신 그들을 또한 영화롭게 하셨느니라
롬 8:30

그러므로 너는 내가 우리 주를 증언함과 또는 주를 위하여 간힌 자 된 나를 부끄러워하지 말고 오직 하나님의 능력을 따라 복음과 함께 고난을 받으라. 하나님이 우리를 구원하사 거룩

하신 소명으로 부르심은 우리의 행위대로 하심이 아니요 오직 자기의 뜻과 영원 전부터 그리스도 예수 안에서 우리에게 주신 은혜대로 하심이라. 이제는 우리 구주 그리스도 예수의 나타나심으로 말미암아 나타났으니 그는 사망을 폐하시고 복음으로써 생명과 썩지 아니할 것을 드러내신지라 내가 이 복음을 위하여 선포자와 사도와 교사로 세우심을 입었노라.

딤후 1:8-11

2. 나는 하나님의 능력을 가졌습니다

하나님이 우리에게 주신 것은 두려워하는 마음[영]이 아니요 오직 능력과 사랑과 절제하는 마음[영]이니 딤후 1:7

내게 능력 주시는 자 안에서 내가 모든 것을 할 수 있느니라

빌 4:13

오직 성령이 너희에게 임하시면 너희가 권능을 받고 예루살렘과 온 유대와 사마리아와 땅 끝까지 이르러 내 증인이 되리라 하시니라 행 1:8

나의 능력의 근원은 무엇입니까? 무엇이 나를 움직입니까? 무엇이 나의 가슴을 뛰게 합니까? 무엇이 나의 삶의 목적입니까? 성령을 받고 오직 방언만 말한다는 것은 슬픈 일입니다. 성령을 받았다는 것은 성경이 보여주고 있는 성령의 능력으로 할 수 있었던 모든 것을 할 수 있는 능력이 내 안에 있다는 말입니다. 그리스도께서 내 안에 살아 계신다는 것을 증명하는 길은 그분이 나를 통해서 행하시는 일들을 통해서입니다. 그러기 위해서는 그분이 살아계셨을 때 하셨던 일을 지금도 똑같이 하실 수 있어야 합니다. 그리스도는 지금 내 안에 살아계십니다.

부활하신 주님께 제자들은 "주님께서 이스라엘에게 나라를 되찾아 주실 때가 바로 지금입니까?"라고 주님이 하실 일을 물었습니다. 그러나 주님은 "그것은 너희가 알 바가 아니고, 오직 성령이 너희에게 임하시면 너희가 권능을 받고 예루살렘과 온 유대와 땅 끝까지 이르러 내 증인이 되리라"고 그들이 할 일을 말씀하셨습니다. 지금 바로 이 순간의 기적을 놓치지 말아야 합니다. 과거의 기적, 과거의 부흥만 말하지 말고 현재의 기적을 기대해야 합니다. 성령의 능력은 지금 여기에 있습니다. 이런 사고방식을 연습하십시오. 이것이 하나님의 사고방식입니다.

주님은 나에게 "너희는 나의 대사다.", "너희는 이보다 더 큰일을 할 것이다."라고 말씀하셨습니다. 그분은 나에게 가라고 하셨고, 내가 하는 말을 확증해 줄 것이라고 하셨습니다. 이제 이 땅 위에서는 그 어떤 일도 그분이 먼저 일하지 않으십니다. 그분은 나에게 그분을 대신하여 그분이 하셨던 일을 하라고 하셨습니다. 이제 그분은 사람들을 통하지 않고서는 아무것도 하지 않으실 것입니다.

이것이 나의 확신입니다. 나는 부르심을 받았습니다. 나는 기름부음을 받았습니다. 하나님은 내 안에 사십니다. 하나님은 나를 신뢰하셨습니다. 나의 세상은 나의 손에 맡겨졌습니다!

3. 나는 그분의 세상을 사랑합니다

> 예수께서 모든 도시와 마을에 두루 다니사 그들의 회당에서 가르치시며 천국 복음을 전파하시며 모든 병과 모든 약한 것을 고치시니라 무리를 보시고 불쌍히 여기시니 이는 그들이 목자 없는 양과 같이 고생하며 기진함이라   마 9:35-36

사람은 하나님의 형상으로 지음 받았으며, 각 사람을 향한 하나님의 목적이 있으며, 이 땅에 사는 동안 바로 그것을 찾아

이루어야 할 사명이 있습니다. 세상 사람들은 이 사실을 모르고 있고, 이를 이용하여 마귀가 그들을 자기 목적을 이루는 도구로 삼고 있습니다. 마귀는 그들 가운데 자유롭게 활동하며 거짓을 믿게 함으로써 진리를 도둑질하고, 죄와 저주 가운데 죽게 하여, 죄인들을 지옥으로 데리고 가고 있습니다.

세상 사람들은 세상 문화와 시스템의 부정적인 영향력 아래 피해자가 되고, 질병과 가난에 억압받으며 살고 있습니다. 그러나 그리스도인은 그들을 복음으로 구원해 낼 수 있습니다. 나의 운명은 하나님의 계획에 내가 얼마나 협력하는가에 달려 있습니다. 나의 협력은 나의 지식에 달려 있습니다. 하나님이 각 사람을 위하여 계획하신 것은 자석처럼 우리를 끌어당깁니다.

자신을 무가치한 사람으로 보는 것이야말로 육체적 질병보다 더 나쁜 것입니다. 이런 부정적인 생각은 결국 공허감, 자기 비하, 자긍심 부족에 이르게 합니다. 예수님은 귀신 들린 자, 나병환자를 고쳐 주심으로 그들을 본래의 모습으로 회복시켜 주셨습니다. 단순한 건강의 회복만이 아니라, 귀신의 간섭과 억압에서 해방된 자유인으로, 일그러진 수족과 얼굴을 회복시켜 주심으로 인간으로서의 기본적인 존엄성을 회복시켜 주셨습니다.

예수께서 나오사 큰 무리를 보시고 불쌍히 여기사 그 중에 있는 병자를 고쳐 주시니라   마 14:14

　세상에는 미국과 미국 사람들을 비판하는 사람들이 많습니다. 세계 최강의 경제와 군사력을 가진 나라로서 물론 잘못하는 일도 많습니다. 미국인들의 소비 행태나 생활 습관은 다른 나라 사람들과 비교해 볼 때 낭비가 심한 것 같습니다. 그럼에도 불구하고 미국인들은 여전히 관대하고 너그럽게 주는 자들입니다. 미국은 여전히 가장 많은 선교사를 파송하고 선교비를 지원하는 나라입니다. 가난하고 약한 사람들과 나라를 돕는 일에 미국인들은 여전히 세계에서 첫 째입니다. 가장 부요한 나라로서 가장 많은 비영리단체를 통해 세계를 섬기고 있습니다. 주는 것, 찾아 가는 것, 복음을 전해 주는 것은 언제나 가장 중요한 일입니다. 세상의 대부분의 나라들은 우리나라보다 가난하고, 우리보다 복음의 자유가 없으며, 우리보다 하나님의 호의를 적게 입은 것 같습니다. 대한민국은 건국 이후로 하나님의 호의를 너무나 많이 입은 나라이며 "선교하라고 복 주신" 나라입니다. 대한민국은 세상을 사랑하고 섬기며 받은 복음을 전해 줄 책임이 큰 나라입니다.

4. 나는 하나님의 선택을 받았습니다

하나님이 나를 믿으신다는 것을 나도 믿는 것이 중요합니다. 사람들은 하나님을 믿는다고 말합니다. 그러나 하나님이 나를 믿는 믿음에 대해서는 어떻게 생각하고 있습니까? 구원은 우리의 아이디어가 아니었습니다. 구원은 하나님의 아이디어였습니다. 하나님의 아이디어요, 하나님의 믿음이었습니다.

우리는 하나님을 섬기는 것에 대해 말합니다. 그러나 우리는 하나님이 우리를 먼저 섬긴 것에 감동을 받아야 마땅합니다. 우리는 보잘것없는 무가치한 존재라는 생각이나 자신을 너무 중요하게 여기는 교만은 모두 매우 해롭습니다. 오직 "나는 하나님의 선택을 받은 중요한 존재"라는 하나님 중심의 균형 잡힌 생각을 유지해야 합니다. 사실 교만에 대해서는 너무 걱정하지 않아도 됩니다. 왜냐하면 하나님은 우리가 교만하지 않도록 하는 많은 효과적인 방법들을 가지고 사용하실 수 있기 때문입니다.

하나님이 내게 관심을 갖고 계시는 것은 내가 하나님께 중요한 존재이고 하나님과 연결되어 있기 때문입니다. 왜냐하면 나는 하나님이 가진 모든 것이기 때문입니다. 자신을 "하나님의 선택받은 존재"로 늘 인식해야 합니다.

> 내가 땅에서 들리면 모든 사람을 내게로 이끌겠노라 하시니
>
> 요 12:32

우리는 그들이 들어야 할 필요가 있는 예수 그리스도의 복음을 전합니다. 그들은 이미 자신들이 가진 문제가 있습니다. 우리는 그들에게 좋은 소식을 가지고 갑니다. 온 세상은 온갖 육체적 질병과 정신적 혼란과 영적인 어두움 가운데 처해 있습니다. 우리는 그들에게 치유를 가지고 갑니다. 진리를 가지고 갑니다. 빛을 비칩니다!

우리는 온 세상이 의에 굶주리고 있다는 것을 볼 수 있어야 합니다. 모든 종교는 "신은 엄청난데 인간은 아무것도 아니다."라고 말합니다. 그러나 우리 주 예수 그리스도의 하나님은 인간을 위해서 자기 아들을 내어 주신 하나님입니다. 예수님을 보내셔서 우리의 구원자와 구주가 되게 하셨습니다. 그들이 누구인지, 그들이 얼마나 귀한 존재인지, 우리가 그들에게 말해 주어야 합니다. 하나님께서 우리를 위해 계획하신 모든 것이 될 수 있도록 복음을 전해 주어야 합니다. 그들이 그리스도 안에서 누구인지를 알게 함으로써 그들이 들고 달릴 수 있는 것을 가질 수 있게 도와주어야 합니다.

또 자기를 청한 자에게 이르시되 네가 점심이나 저녁이나 베풀거든 벗이나 형제나 친척이나 부한 이웃을 청하지 말라 두렵건대 그 사람들이 너를 도로 청하여 네게 갚음이 될까 하노라 잔치를 베풀거든 차라리 가난한 자들과 몸 불편한 자들과 저는 자들과 맹인들을 청하라 그리하면 그들이 갚을 것이 없으므로 네게 복이 되리니 이는 의인들의 부활시에 네가 갚음을 받겠음이라 하시더라 함께 먹는 사람 중의 하나가 이 말을 듣고 이르되 무릇 하나님의 나라에서 떡을 먹는 자는 복되도다 하니 이르시되 어떤 사람이 큰 잔치를 베풀고 많은 사람을 청하였더니 잔치할 시각에 그 청하였던 자들에게 종을 보내어 이르되 오소서 모든 것이 준비되었나이다 하매 다 일치하게 사양하여 한 사람은 이르되 나는 밭을 샀으매 아무래도 나가 보아야 하겠으니 청컨대 나를 양해하도록 하라 하고 또 한 사람은 이르되 나는 소 다섯 겨리를 샀으매 시험하러 가니 청컨대 나를 양해하도록 하라 하고 또 한 사람은 이르되 나는 장가 들었으니 그러므로 가지 못하겠노라 하는지라 종이 돌아와 주인에게 그대로 고하니 이에 집 주인이 노하여 그 종에게 이르되 빨리 시내의 거리와 골목으로 나가서 가난한 자들과 몸 불편한 자들과 맹인들과 저는 자들을 데려오라 하니라 종이 이르되 주인이여 명하신 대로 하였으되 아직도 자리가 있나이다 주인이 종에게 이르되 길과 산울타리 가로 나가서 사람을 강권하여 데려다가 내 집을 채우라 내가 너희에게 말하노니 전에 청하였던 그 사람들은 하나도 내 잔치를 맛보지 못하리라 하였다 하시니라 눅 14:12-24

그러면 어떻게 그들에게 복음을 전할 수 있는 기회를 만들 수 있을까요? 주님은 잔치를 열고 사람들을 초청하는 예를 보여 주셨습니다. 우리가 잔치를 열거나 식사를 대접할 때는 고통 받고 있는 사람들을 초청하라고 주님은 말씀하셨습니다. 우리의 친척이나, 편한 이웃이나, 세상에서 유익을 줌으로써 우리에게 되갚을 수 있는 능력이 있는 사람이나 부자 이웃을 초청하지 말라고 가르치셨습니다. 우리가 우리와 같은 사람, 우리처럼 믿는 사람들과 함께 하는 것을 편하게 여기며 안전한 울타리를 치고 사는 것은 주님의 방법이 아닙니다. 주님이 가라고 하신 곳은 우리가 편안하게 느끼며 안주하고 있는 경계선을 넘어서 우리와 다른 사람들에게 찾아가라는 말씀입니다. 잔치를 베풀 때는 가난한 자, 눈먼 자, 저는 자, 내가 알고 있는 것을 모르고 있는 사람들을 초청하라고 하십니다.

그러나 내 어머니의 태로부터 나를 택정하시고 그의 은혜로 나를 부르신 이가 그의 아들을 이방에 전하기 위하여 그를 내 속에 나타내시기를 기뻐하셨을 때에 내가 곧 혈육과 의논하지 아니하고 갈 1:15-16

전도와 선교에 대한 우리의 개념이 이와 같습니까? "내 안에 계신 예수를 나타내는 것"이라고 바울은 말했습니다. 이런 믿음이 살아있는 믿음입니다. 하나님이 나를 그분의 형상대로 만드셨다는 것을 나는 믿습니다. 하나님이 그분의 권세와 능력과 책임을 나에게 주셨습니다. 그분이 나의 수준으로 오셔서 내가 어떻게 그분과 같은 수준이 될 수 있는지를 보여 주셨습니다. 이제 나의 육신, 나의 감정은 나를 잘 못된 곳으로 인도하지 않습니다. 그리스도께서 내 안에 사시며 나는 그리스도께 나를 복종시킵니다. 이것이 나의 믿음입니다.

너희 안에 이 마음을 품으라. 곧 그리스도 예수의 마음이니 그는 근본 하나님의 본체시나 하나님과 동등됨을 취할 것으로 여기지 아니하시고 오히려 자기를 비워 종의 형체를 가지사 사람들과 같이 되셨고 사람의 모양으로 나타나사 자기를 낮추시고 죽기까지 복종하셨으니 곧 십자가에 죽으심이라. 이러므로 하나님이 그를 지극히 높여 모든 이름 위에 뛰어난 이름을 주사 하늘에 있는 자들과 땅에 있는 자들과 땅 아래에 있는 자들로 모든 무릎을 예수의 이름에 꿇게 하시고 모든 입으로 예수 그리스도를 주라 시인하여 하나님 아버지께 영광을 돌리게 하셨느니라. 　　　　　　　　　　　　　　　빌 2:5-11

예수님은 자신을 본 자는 하나님을 보았다고 하셨고, 자신이 하는 말은 자기 안에 계신 하나님이 말씀하시는 것이라고 하셨습니다. 우리는 그리스도의 마음을 가질 수 있습니다. 예수 그리스도는 우리가 어떻게 그와 함께 걸을 수 있는지를 보여 주셨습니다.

그분이 나를 창조하셨습니다. 그분이 나를 원하셨습니다. 내가 나와 나의 삶을 망쳐 놓았을 때도 그분은 나를 계속 원하셨습니다. 이것이 나의 믿음입니다. 하나님과 나의 관계는 내가 얼마나 성경을 읽고 기도하는지, 남을 돕고 헌금을 하는지, 이웃과 교회를 섬겼는지 이런 것에 좌우되지 않습니다. 이런 일을 하고 느끼는 나의 만족감과 좋은 기분이 하나님과 나의 관계를 나타내는 지표도 아닙니다. 물론 나는 모든 일에서 주님께 성실해야 합니다. 그러나 나의 금식이나 나의 기도가 중요한 것이 아닙니다. 왜냐하면 하나님과 나의 사이는 종교가 아니라 관계이기 때문입니다. 그분이 나를 사랑하십니다. 나도 그분을 사랑합니다. 내가 그분을 쫓아 간 것이 아닙니다. 그분이 나를 좇아 오셨습니다.

하나님의 나라는 내 안에 있습니다. 이것이 나의 사역입니다. 주님은 이렇게 말씀하고 계십니다. "나를 따르라. 나를 관찰해 보라. 내가 하듯이 하라!" 사도들은 이런 믿음으로 살았습니다. 나에 대하여 주님이 말씀하지 않은 어떤 것도 받아들이지 마십시오. 역사적으로 문화적으로 남성들에 의해 차별 받아온 여성들도 결코 차별을 허용하지 마십시오.

하나님의 종이요 예수 그리스도의 사도인 나 바울이 사도 된 것은 하나님이 택하신 자들의 믿음과 경건함에 속한 진리의 지식과 영생의 소망을 위함이라 이 영생은 거짓이 없으신 하나님이 영원 전부터 약속하신 것인데 자기 때에 자기의 말씀을 전도로 나타내셨으니 이 전도는 우리 구주 하나님이 명하신 대로 내게 맡기신 것이라 딛 1:1-3

그가 우리를 대신하여 자신을 주심은 모든 불법에서 우리를 속량하시고 우리를 깨끗하게 하사 선한 일을 열심히 하는 자기 백성이 되게 하려 하심이라 딛 2:14

5. 나는 그분의 이름으로 갑니다

이것이 우리의 초점입니다. 이것은 선교의 심장입니다.

마리아가 가서 예수와 함께 하던 사람들이 슬퍼하며 울고 있는 중에 이 일을 알리매 그들은 예수께서 살아나셨다는 것과 마리아에게 보이셨다는 것을 듣고도 믿지 아니하니라. 그 후에 그들 중 두 사람이 걸어서 시골로 갈 때에 예수께서 다른 모양으로 그들에게 나타나시니 두 사람이 가서 남은 제자들에게 알리었으되 역시 믿지 아니하니라.　　　　막 16:10-13

그들은 믿지 않았지만 지금 우리는 믿는 자입니다. 스스로를 낮추지 마십시오. 하나님이 나 외에 누구를 가지셨습니까? 누가 나보다 더 나은 자입니까? 나는 어떤 사람만큼이나 훌륭합니다. 나는 독특합니다. 나와 같은 사람은 이 세상에 나뿐입니다.

부활하신 후에 주님은 열 한 사도에게 나타나셨습니다. 그러나 그들은 다시 고기잡이로 돌아갔습니다. 부활하신 후에 주님은 갈릴리로 돌아가 고기잡이를 하고 있던 제자들을 직접 찾아 가셨습니다. 그러나 그 후로 그들은 다른 사람이 되어 다른 삶을 살았습니다. 내가 그릇 행하였다고 해도 그분은 여전히 나를 중요하게 생각하고 계십니다.

> 허락하지 아니하시고 그에게 이르시되 집으로 돌아가 주께서 네게 어떻게 큰 일을 행하사 너를 불쌍히 여기신 것을 네 가족에게 알리라 하시니   막 5:19

> 또 이르시되 너희는 온 천하에 다니며 만민에게 복음을 전파하라   막 16:15

그들이 어떤 무리였었는지를 잊지 마십시오. 그들은 우리와 같은 사람이었습니다. 그러나 그들은 예수님이 가라고 했을 때 갔습니다. 내가 행하는 일이 내가 알고 있는 것을 증명합니다. 기독교는 오직 기적으로만 사실임이 증명될 수 있습니다. 나의 결정과 헌신도 내가 그렇게 행동할 때까지는 아직 내게 중요하지도 진실하지도 않습니다. 주님은 이 책이 내게 대하여 기록되어 있다고 말씀하시고, 하나님의 예언을 성취하셨습니다. 성경은 나에 대하여 기록하고 있고, 나는 성경의 말씀을 성취하도록 보내심을 받았습니다.

이 땅에서 예수님을 대신할 사람은 나입니다. 주님은 나에게 "나의 이름으로" 즉 예수님을 대신하여 가라고 위임하셨습니다. 이것이 우리의 초점입니다. 사진을 찍을 때 가장 중요한 것은 초점입니다. 초점이 맞지 않은 흐린 사진은 다른 조건이 다 좋아도 소용이 없습니다. 주님은 우리에게 말씀하십니다. "내가 너에게 준 능력을 사용하라!" 우리는 예수 그리스도의 복음을 알고 있습니다. 우리는 우리가 알고 있다는 것을 증명할 것입니다. 우리가 헌신하고 가기로 결정하고 행동하지 않으면, 우리가 아는 복음도 우리의 비전도 아무 소용이 없는 것입니다.

제 6 장

우리는 전시에 살고 있다

1. 우리는 적이 있다

우리를 재적하는 자는 사탄입니다. 사탄은 그리스도께서 완성하신 구원을 막을 수는 없었습니다. 그렇기 때문에 사탄은 이 복음을 전하는 일을 하지 못하도록, 이 복음을 받아들이지 못하도록 속이고 방해합니다. 복음은 모든 사람에게 구원을 주시는 하나님의 능력이기 때문에 마귀는 복음 전파를 막으려고 전심합니다. 복음을 듣지 못하고, 구원받지 못하면 그들은 영원히 마귀의 종으로서 살아가게 됩니다. 질병과 가난과 집단적인 속임과 종교를 맹신하며 살 수 밖에 없기 때문입니다. 또한 우리는 적이 매우 잔인하고 교활할 뿐 아니라 오랫동안 죄인들을 상대로 개발한 전략도 탁월하다는 것을 알아야 합니다.

2. 우리는 전시에 살고 있다

우리는 세상에서 잃어버린 영혼들을 놓고 사탄과 전쟁 중이기 때문에 세상 사람들처럼 자신만 편안하게 살 수 없습니다. 평시에는 화물선, 여객선이 필요하지만 전시에는 전함이 필요하듯이 그리스도인은 영혼을 얻기 위한 전쟁을 하고 있습니다. 우리가 아파트 평수 늘리는 데 돈을 쓰는 동안 이단들은 선교지에 젊은이들을 보내어 활발하게 활동하도록 돈을 투자하고 있습니다. 국내 뉴스와 자동차, 아파트, 자녀의 진학, 여가 활용 이런 것은 중요하지만 우리의 절대적 우선순위와 관심이 아닙니다. 주님은 우리의 우선순위는 하나님의 나라를 구하는 것이며 이 모든 것들은 더하여 줄 것이라고 약속하셨습니다. 세상에 나가서 얼마나 복음이 필요한 사람들이 많은 지를 보고 와야 합니다. 단기 선교라도 보내서 선교지 현장을 보고 오도록 해야 "세계를 품은 그리스도인"이 될 수 있습니다.

우리는 지금 전쟁 중이기 때문에 우리가 먼저 차지하지 않으면 적이 먼저 차지합니다. 그러므로 소극적인 방어가 아니라 먼저 그리고 지속적인 공격을 해야 합니다. 신도시에서 시작한 교회가 크게 부흥했다는 것에 만족할 때가 아닙니다.

이사 오는 성도들이 아니라 믿지 않는 영혼들을 구원해야 합니다. 선교지에 먼저 나가서 그 땅을 차지해야 합니다. 선교지의 사람들은 무엇이든지 먼저 전하는 사람에게 영혼을 팔기 쉽습니다. 현재 복음 수용도가 높은 나라일수록 빨리 선교사를 파송하여 현지인에 의한 전도와 개척이 이루어지는 자립하는 교회 개척을 해야 합니다.

3. 이 전쟁에서 이기려면 제자를 만들어야 한다

어떻게 하면 우리가 이 전쟁에서 이길 수 있습니까? 제자를 만들어야 합니다. 후방에서는 싸울 수가 없기 때문에 전방으로 나가야 합니다. 우리가 가고 우리의 자녀를 보내고 우리의 재물을 보내야 합니다. 최전선에서 밀리지 않고 승리해야 합니다. 그렇지 않으면 후방까지 무너지기 때문입니다.

인도에서는 몇 년 전에 호주에서 온 선교사 가족을 지프차에 가둔 채 휘발유를 뿌리고 불을 질러서 살해한 사건이 있었는데 힌두교도들이 저지른 일이었습니다. 네팔에서도 극단주의자들이 힌두교 왕국으로 돌아가자고 목소리를 높입니다. 그들은 폭력을 서슴지 않고 반대하는 사람들을 죽입니다. 그들을 복음으로 변화시키지 않으면 적을 이길 수가 없습니다.

이슬람에게 한국은 가장 좋은 선교 대상국이라고 합니다. "한국 여성들과 결혼하라. 그리고 아이들을 낳고 코리언이 되라. 코리아는 종교의 자유가 있으니 무슬림을 확장 시켜라." 이것이 그들의 전략입니다. 프랑스 파리의 인구는 천만 명이 채 안 되는데 그 가운데 수백 만 명이 무슬림이라고 합니다. 이슬람이 문 닫는 예배당을 사서 십자가를 떼어버리고 회당으로 사용하고 있습니다. 영국이나 미국도 마찬가지로 심각합니다. 미국에서도 이제 이슬람 회당을 쉽게 찾아 볼 수 있습니다.

우리나라는 오일 달러를 들여오려고 이슬람에게 문을 열어주었습니다. 지금은 학생들이 모자라서 존폐 위기에 처한 많은 지방 대학들이 정부 보조금을 받으려고 외국인들을 무분별하게 받아들이고 있습니다. 이런 문을 통하여 수많은 무슬림들이 사실상 선교사로 한국에 와서 대학 공부를 하고 결혼하고 취직하며 자연스럽게 한국을 이슬람을 확산하고 있습니다.

4. 우리는 이 전쟁에서 반드시 이겨야 한다

하나님이 우리 편이시고 우리가 하나님의 전략과 명령을 따른다면 우리는 이길 수밖에 없습니다. 사백년 노예로 살던 사람들은 "그들이 보기에도 메뚜기 같다"고 했으나, 여호수아와 갈렙은 그들과 영이 달랐습니다. 그들은 믿음의 눈으로 하나님께서 주신 "그들의 밥"을 보았습니다. "지금은 교회가 안 됩니다.", "여기는 개척이 어렵습니다." 이런 메뚜기 눈을 가진 사람들이 싸우지도 않고 통곡하는 소리가 하나님께 들리지 않도록 조심해야 합니다.

1) 주님이 그리스도와 살아계신 분이 아니든가 주님의 교회가 아니다

> 예수께서 대답하여 이르시되 바요나 시몬아 네가 복이 있도다 이를 네게 알게 한 이는 혈육이 아니요 하늘에 계신 내 아버지시니라 또 내가 네게 이르노니 너는 베드로라 **내가 이 반석 위에 내 교회를 세우리니** 음부의 권세가 이기지 못하리라
>
> 마 16:17-18

예수 그리스도가 살아 계시다는 계시가 없으면 경건의 모양만 남은 종교가 되어 교회에 아무 능력도 나타나지 않습니다. 내 교회를 내가 세우겠다는 생각에서 출발했다면 그것은 주님의 교회가 아닙니다. 결국 안 될 수밖에 없고 잘 되어도 세상에서 비웃음을 받습니다. 회사 같은 교회, 사장님 같은 목사, 대형마트의 고객 같은 성도들만 드나드는 교회는 숫자가 많아도 아무 영향력이 없습니다. 그러므로 우리는 복음으로 주님의 교회를 세워야 합니다. 그리스도의 복음이 선포되고 성령이 역사하는 교회만이 죄인들이 거듭나고 변화되어 세상에 나가서 빛과 소금으로 살아가는 제자를 만듭니다. 주님이 세우신 교회는 지옥의 문이 이기지 못할 것이라고 주님은 말씀하셨습니다. 주님은 하늘과 땅의 모든 권세를 가지시고 "내 이름으로 가라"고 하셨으며, 영혼을 구원하여 제자를 삼으라고 하셨습니다.

2) 가지 않거나 제자를 삼는 일을 하지 않고 있다

예수께서 나아와 말씀하여 이르시되 하늘과 땅의 모든 권세를 내게 주셨으니 그러므로 너희는 가서 모든 민족을 제자로 삼아 아버지와 아들과 성령의 이름으로 세례를 베풀고 내가

너희에게 분부한 모든 것을 가르쳐 지키게 하라 볼지어다
내가 세상 끝날까지 너희와 항상 함께 있으리라 하시니라

마 28:18-20

주님께서는 우리에게 가서 복음을 전하고 제자를 삼으라 하셨습니다. 우리가 가지 않거나 제자를 만들어 내지 않는다면 복제 배가할 수 있는 교회를 세울 수 없습니다. "제자 삼는 제자들"만이 재생산이 가능합니다. 재생산하지 않는 생명체는 모두 단 한 세대만 지나면 사라져 버립니다.

3) 목사가 선수로 뛰느라고 코칭과 감독의 일을 못하고 있다

히딩크 감독은 우리나라 축구 역사에 2002년 월드컵 신화를 만들어 낸 사람입니다. 히딩크 감독이 오기 전에도 대한민국에 축구선수들이 있었지만 히딩크 이후에 축구팀이 변화했고 일반인들도 축구에 더 큰 관심을 갖게 되었습니다. 그 이유는 우리 선수들과 히딩크 감독의 만남 때문이었습니다. 히딩크는 선수들을 코칭 했을 뿐이고 필드에서 뛴 것은 선수들입니다. 스포츠 코치나 감독이 선수로서 탁월한 경력과 실전 경험이 풍부하듯이 목회자는 영혼구원과 제자훈련에 현장

선수와 같은 경험이 있는 것은 물론 히딩크와 같이 감독과 코치의 역할을 해야 합니다. 예수님은 열두 제자를 훈련하여 세상을 변화시킨 탁월한 코치와 감독이었습니다.

5. 우리는 게임의 코치, 전투의 지휘관 역할을 해야 한다

> 그가 어떤 사람은 사도로, 어떤 사람은 선지자로, 어떤 사람은 복음 전하는 자로, 어떤 사람은 목사와 교사로 삼으셨으니 이는 성도를 온전하게 하여 봉사의 일을 하게 하며 그리스도의 몸을 세우려 하심이라 우리가 다 하나님의 아들을 믿는 것과 아는 일에 하나가 되어 온전한 사람을 이루어 그리스도의 장성한 분량이 충만한 데까지 이르리니 엡 4:11-13

선교지에서 복음을 전한 다음에 할 일은 성도들을 제자로 훈련시키는 것입니다. 제자로 훈련되지 않으면 숫자가 아무리 많아져도 힘이 없습니다. 그러므로 제자를 훈련하고 그 제자가 전도해서 다시 제자를 삼을 수 있도록 현지인들을 세워야 합니다.

이 그래프는 통계청 자료에 근거한 지난 30년간 한국 3대 종교 인구의 변화를 나타낸 것입니다. 통계청이 2015년에

대한민국의 전쟁 상황판

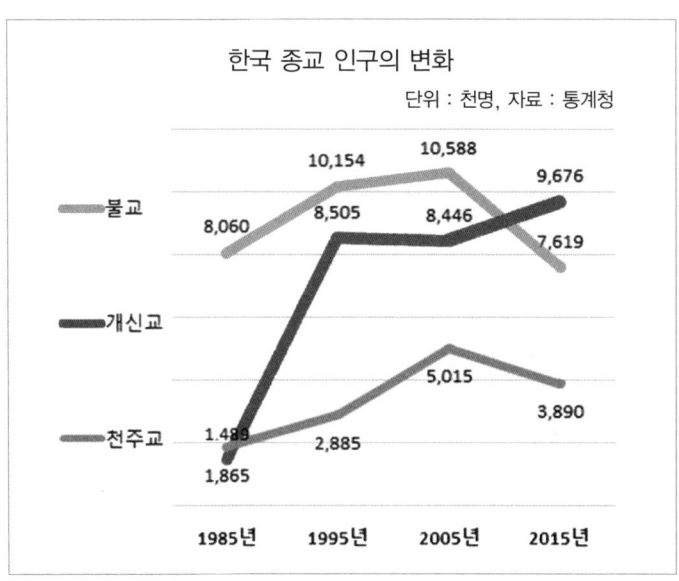

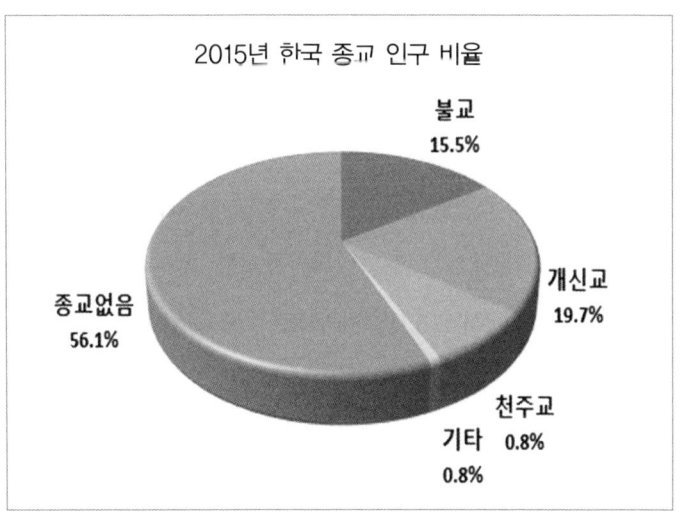

우리는 전시에 살고 있다

발표한 인구주택총조사 종교인구 표본 집계에서 개신교 인구가 967만 6천명(전체 인구의 19.7%)으로 종교 인구 중 유일하게 증가한 것으로 나타났습니다. 한국사회 여론에 비친 개신교에 대한 반감과 그 동안 교단별로 지속적인 감소세를 보였던 것과는 좀 다른 결과입니다. **개신교 인구**는 2005년 844만 6천명에서 약 120만 명 이상, **14.5% 증가**했습니다. 개신교 인구가 국내 종교 인구 중 1위를 차지한 것은 인구주택총조사 이래 처음입니다. 2위는 불교로 761만 9천 명, 3위는 389만 명인 천주교가 차지했습니다.

2005년에 1058만 8천 명(전체 인구의 22.8%)이었던 **불교 인구**는 2015년에는 761만 9천 명(전체 인구의 15.5 %)으로 **28% 감소**했습니다. 2005년 501만 5천명(전체 인구의 10%)을 넘으며 빠른 증가세를 보였던 **천주교의 인구**도 2015년에는 389만 명(전체 인구의 7.9%)으로 **22.5% 감소**했습니다. 불교와 천주교의 감소원인은 젊은 층의 이탈, 미지근한 종교 활동과 세속화의 영향으로 보입니다. 종교를 갖지 않은 인구는 2005년 47.1%에서 2015년 56.1%로 절반을 넘어서면서 전체 종교 인구는 43.9%로 줄어들었습니다.

이 그래프(1985년~2015년 세대별 개신교 인수의 변화)에서 볼 수 있듯이 1995년에는 10대~30대까지의 기독교

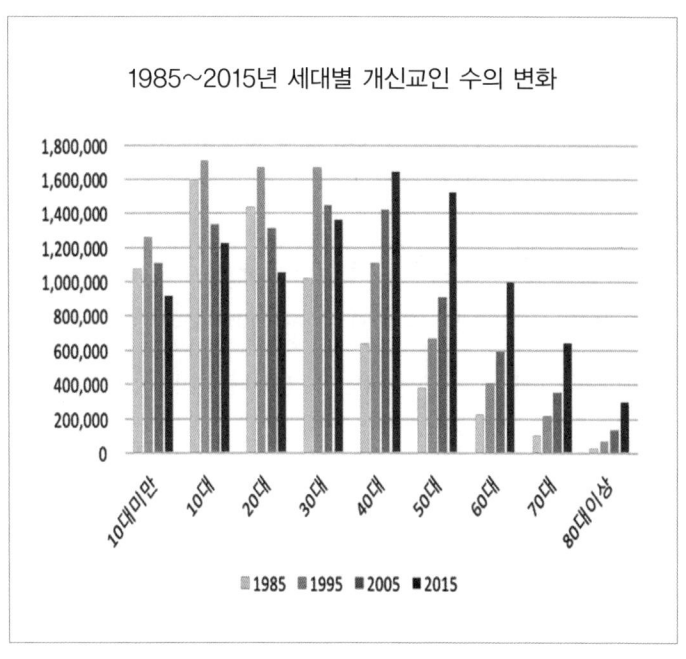

인구가 높은 비율을 차지했으나, 2015년 조사 결과는 교회 성도의 고령화 현상을 뚜렷하게 보여주고 있습니다.

한국교회에 대한 사회적 신뢰도의 하락과 함께 주요 교단들과 단체들의 조사에서 교인의 수는 꾸준히 감소세를 나타냈습니다. 그럼에도 불구하고 개신교의 증가에 대한 좀 더 구체적인 분석이 필요합니다. 그중 하나는 '정통교회에 소속된 교인'이 아닌 그룹의 의견이 반영됐을 가능성입니다. 스스로 그리스도인이라고는 하지만 교회에 적을 두거나 예배에 출석하지 않는, 교회에 "안 나가"는 소위 '가나안 성도'가 교회의 통계에는 반영되지 않았기 때문일 수도 있습니다. 이들 교인들은 각종 설문조사에서 스스로를 개신교로 분류하기 때문입니다. 개신교인으로 조사된 이들 중 100만 명 정도는 이단에 미혹된 정통교회 성도들일 수 있다는 분석도 있습니다. 개신교는 "가나안 성도들"을 다시 교회에 나올 수 있도록 신뢰를 회복하고 상처를 치유할 책임이 있습니다. 뿐만 아니라 저출산으로 인하여 어린이, 청소년, 청년 대학생 등 젊은 세대를 위한 대책도 매우 시급합니다.

다음은 조지 바나[4]가 쓴 책 내용 가운데서 우리나라 상황과 비슷하다고 생각되는 내용들인데 나라가 다르고 시차가 있지만 지금의 한국 교회에도 매우 적절하고 의미 있는 내용입니다.

---

4) 바나 리서치 그룹Barna Research Group 조지 바나는 바나 리서치 그룹이라는 규모가 큰 리서치 회사를 가지고 있는데 과학적인 방법으로 충분한 표본 집단을 대상으로 조사 연구하여 미국의 사회와 교회가 어떤 상태인지를 조사하여 그 결과를 바탕으로 좋은 책들을 펴내고 있음.

1. 36만 교회 중에서 15% 교회만 성장하였다

미국 교회의 반은 새 신자가 단 한 명도 없었습니다. 단 15%의 교회가 성장했습니다. 그 가운데 2~5% 교회만이 새 신자로 인해 성장했습니다. 전도를 해서 성장한 교회는 100개 중에 2-5개뿐이고 나머지는 다 수평이동이라는 것입니다. 신도시에 가서 교회가 몇 만 명 되었다는 것은 사실 크게 감동받을 일이 아닙니다. 제가 90년대 초에 분당에 이사 와서 아파트 전도를 나가보니 단지마다 분당 아파트의 약 20~30% 정도가 교패가 붙어 있었습니다. 이사 온 사람들 중에서 몇 %만 정착시키면 교회가 부흥할 수 있었습니다. 대부분은 이사 오기 전에 다니던 멀리 있는 교회에 다니다가 몇 년이 지나면 분당에 있는 새로운 교회에 정착하게 되었습니다.

2. 기독교 가정 출신 85% 대학생들이 기독교 세계관을 가지고 있지 않다

미국 대학생의 85%는 기독교적 세계관을 가지고 있지 않다고 합니다. 우리나라도 최근 조사에 의하면 부모가 교회에 다니고 자신도 고등학교 때까지 교회에 다니다가, 대학에 가면 대개 교회를 떠난다고 합니다. 또한 수년 전에 신촌에서 만난 대학생들에게 조사한 자료에 의하면, '지난 주일 예배에 참석하셨습니까?'라는 질문에 '예'라고 대답한 대학생이 4%라고 합니다.

3. 미디어가 사랑, 성관계, 결혼의 기준을 정해 주고 있다

교회에서 순결 교육 받고 순결 서약을 해도 아이들은 영화에서 보는 대로 행동합니다. 대학생들을 전도해서 고민을 들어보면 공통점이 있다고 합니다. 3개월 혹은 6개월 사귄 이성 친구가 있는 청년들이 예수를 믿고 난 다음에도 계속 모텔에 가도 되는 것인가 고민한다는 것입니다. 영화에서는 남녀 간의 모든 것이 아름답게 미화되어 있습니다. "에이즈에 걸려 죽었다. 미혼모가 되어 인생이 비참해졌다. 미혼모 보호 시설에서는 이렇게 산다. 미혼모가 양육하기를 거절해서 부모로부터 버림받은 아이들은 지금도 계속 외국으로 입양되고 있다." 그런 현실은 영화 속의 이야기와는 거리가 멉니다. 영화에서는 절대로 다루거나 보여주지 않습니다. 청년들이 사랑과 성관계, 결혼의 기준을 성경대로 하지 않고 영화대로 하는 것이 문제입니다.

4. 18~24세 사이에 교회를 떠나 대부분 돌아오지 않는다

 18세에서 24세 사이에 교회를 떠나고 대부분 돌아오지 않습니다. 우리나라 교회도 어른들의 비중이 제일 많고 나이가 젊을수록 비중이 적습니다. 요즘은 아이를 적게 낳기 때문에 더 큰 문제입니다. 지금 어떤 전쟁을 하고 있는지 전쟁에서 얼마나 실패하고 있는지 얼마나 많은 영혼을 잃어버리고 있는지 우리는 알고 있어야 합니다. 20세 전후로 교회를 떠나는 것은 한국도 마찬가지입니다. 예수님을 믿는 부모들도 "고3이 왜 매일 교회 가서 사니?"라며 다음 세대를 놓치고 있습니다. 만약 "부모님 따라서 억지로 교회에 다녔다. 우리 부모가 예수 믿는 모습은 실망스럽다. 예수를 믿을 만한 가치가 없다."라고 아이들이 이렇게 생각하고 있다면 그것은 전적으로 부모의 잘못입니다. 부모가 많은 것을 통제할 수 있는 20년 동안 무엇을 했습니까? 부모로서 자녀에게 그리스도의 가치관을 길러주는 것이 자녀 양육에서 가장 중요합니다. 중고등부 담당 전도사들에게 물어보면 "그 집사님 아이들은 달라요." 하는 분들이 있습니다. 어머니가 믿음으로 아이들을 기르면 아이들도 자기 믿음 가운데에서 생활합니다. 사춘기에도 하나님의 말씀을 따라 좋은 그리스도인으로 자라납니다.

우리는 다음 세대와 우리 자녀들에게 그리스도인으로서의 삶을 보여주며 성경의 가치에 따른 세계관을 심어 주어야 합니다. 아이들은 부모가 하는 말뿐만이 아니라 부모의 삶을 통해서 배우기 때문입니다.

기독교가 왜 이렇게 되었을까요?

어떤 학자가 천주교의 성장 요인을 다음과 같이 7개의 항목으로 정리했습니다.

1. 교회의 보편성, 사도성, 거룩성 강조로 하나 된 모습을 보여줌

천주교는 보편성이 있는데 개신교는 교단이 많아서 불신자들은 무엇이 정통이고 무엇이 이단인지 알기 어렵다고 합니다. 장로교는 무엇이고 감리교는 무엇인가, 독립교단은 또 무엇인가? 보편성이 없기 때문에 사람들이 그와 같이 반응하기도 합니다.

2. 사회 정의와 참여로 사회적 공신력 높음

실제로 이것은 사실이 아닙니다. 개신교가 구호 사역과 구제 사역을 압도적으로 더 많이 합니다. 다만 개신교는 왼손으로 하는 것을 오른손이 모르게 한다고 드러내지 않습니다. 그리고 천주교처럼 하나의 이름으로 하지 않고 개인적인 다양한 방법으로 하고 있기 때문에 절대적인 양은 개신교가 훨씬 더 많습니다. 매스 미디어를 통해 기독교의 잘못된 것은 강조되어 홍보하고, 집단적으로 언론에 대해 반발할 한 입을 가진 천주교는 비판적이고 악의적인 언론에 상대적으로 보호를 받기 때문이기도 합니다. 단순하게 개신교는 실제로는 더 많이 하고 있어도 홍보에 실패하고 있다고 볼 수 있습니다.

3. 헌신적인 봉사의 소식을 통한 봉사적 이미지

천주교는 하나의 조직으로 지휘체제를 갖추어 사회봉사도 하기 때문에 좋은 이미지를 가지고 있습니다. 개신교는 많은 교파와 단체가 있고, 개 교회를 통해 다양하게 이름 없이 선교와 봉사를 하므로 세상에 잘 알려지지 않습니다. 그러나 대형 교회의 목사들의 그리스도인답지 못하고 부도덕한 행동은 끊임없이 세상의 비판거리를 제공하고 있습니다. 안수와 훈련이나 성경적인 과정이나 검증이 없이 목사 안수를 받은 많은 목사들의 비인격적인 범죄는 계속 뉴스에 나오고 있습니다. 세상의 빛이 되지 못하고 오히려 세상 풍조를 따르는 목사들과 그런 목사를 감싸주는 교단 정치와 그런 목사를 선호하는 교회들이 세상의 비웃음거리가 되고 있습니다.

4. 엄격한 영성 교육과 독신제로 성직자의 질적인 우위

가톨릭의 성직자들은 신학교 7, 8년 공부하고 나서 청빈하게 살아야 하고 윗사람에게 순종해야 하고 결혼은 금지되어 있습니다. 이런 헌신을 기본적으로 요구하기 때문에 개신교처럼 기본적인 소양도 부족한 사람들이 목회자로 안수 받을 위험이 적습니다.

5. 헌금을 강요하지 않음

헌금을 강요하지 않아서 사람들이 부담감 없이 "자유롭게" 신앙생활을 할 수 있다고 합니다. 교회 개척자가 자신의

직장을 가지고 교회를 개척하는 것을 불신앙으로 간주하거나 금지함으로 말미암은 율법적인 헌금 강요나, 개척자의 경제적인 어려움은 성도들에게 부담을 줄 수밖에 없습니다.

6. 엄숙한 의례와 영적 가치를 전해 주는 종교성

엄숙한 의례가 있어서 설교를 못 알아들어도 거룩한 분위기에 동화됩니다. 또 메시지를 듣는 것보다, 미사에 참여하는 데에 의의가 있기 때문에 성찬이 강조되고 기도문 그대로 기도하는 것에 의미를 둡니다. 의미도 잘 모르거나 마음과 믿음이 없는 인간의 행위는 본인에게는 물론 하나님께도 아무 의미가 없는 종교 행위일 뿐입니다. 거듭나고 성령 받은 그리스도인들은 영과 진리로 예배를 드립니다.

7. 토착화 노력이 개신교보다 앞섬

"대한민국에서 술, 담배 안하면 사회생활이 힘들다.", "제사를 안 지낼 수 없다."와 같이 기독교 신앙생활과 토착문화가 갈등을 일으키는 부분이 있는데, 천주교는 토착문화를 용인합니다. 그러나 술과 담배는 한국의 직장 문화와 타락한 풍조로 인하여 처음부터 절대 금지하지 않으면 수많은 유혹과 죄악의 온상이라는 사실을 인정해야 합니다.

왜 우리는 이 전쟁에서 고전하고 있는가?

1. 제자를 만들지 않고 숫자에만 관심을 가지고 있다 Fan not disciple

교회가 제자가 아닌 팬을 만들고 있습니다. 팬은 하루아침에 사라지는 존재입니다. 팬을 데리고 전쟁을 할 수는 없습니다. 전쟁을 하려면 잘 훈련되고 충성된 군대가 필요합니다. 심지어 주님께서도 자신을 따르던 수많은 무리가 있었지만, 주님은 삼 년 반 동안 열두 제자와 함께 삶을 나누며 훈련하는 데 집중하셨습니다.

2. 코치가 되지 않고 선수로 뛰는 목회자 Player not a coach

성도를 선수로 뛰는 제자로 훈련하지 않고 교회에서 봉급 받는 사역자들이 중심이 되어 프로그램 중심 목회를 하면,

성도들은 스스로 전도하고, 훈련받고, 다른 사람을 제자로 삼는 일에는 훈련을 받지 못하게 됩니다.

3. 교회는 주일날 가는 곳이 아니라 내가 가는 곳이다 Show not a cell

주일 예배는 매우 중요합니다. 열두 명이 넘는 그룹이 되면 개인적인 관계와 나눔이 이루어지기 어렵습니다. 하나님의 가족으로서 삶을 나누는 소그룹이 셀 교회입니다. 함께 기도 응답받는 곳, 하나님의 살아계심을 체험하는 곳, 서로 사랑하고 협력하는 곳, 우리가 들은 말씀을 삶 가운데 실천하는 곳이 셀입니다. 그러므로 교회에서 주일 예배를 드리는 것과 마찬가지로 가정이나 직장에서 모이는 셀도 중요합니다. 내가 그리스도의 대사로서 파송된 그 자리 삶의 현장이 중요한 곳입니다.

4. 제자가 되도록 요구하고 훈련하지 않는다 Numbers not spiritual growth

성도들에게 제자가 되도록 요구해야 합니다. 헌신하라고 요구해야 합니다. 어떤 주제로 설교를 하든지 헌신을 요구하는 것으로 마무리해야 합니다. 재정적인 헌신도 해마다 년 초에 헌금을 작정하며 헌신해야 합니다. 재물이 있는 곳에 마음이 따르기 때문입니다. 선교지에 재물을 보냄으로 마음을 두고 기도하며 헌신하도록 훈련하는 것입니다.

5. 그리스도가 원하는 것이 아니라 성도들이 원하는 것을 제공한다 Populism

교회가 예수 그리스도가 원하시는 것, 성경 말씀이 하라는 것을 하지 않고 성도들이 원하는 것을 하고 있습니다. 예를 들어 '소비자 중심 교회'는 모두 '포퓰리즘'에 근거한 것입니다. 이것은 교회가 제자를 훈련하지 않고 팬을 모으고 있기 때문이고 주님이 원하는 것이 아니라 성도가 원하는 것에 끌려가기 때문입니다. 먼저 성도가 원하는 것이 있으면 귀 기울여 들어야 합니다. 그러나 아이가 사탕을 달라고 조른다고 해서 계속해서 사탕을 주는 엄마는 없습니다. 우리도 주님처럼 무리를 떠나 제자를 만드는 데 시간과 우선순위를 두어야 합니다. 팬은 누구나 될 수 있지만 제자는 그렇지 않습니다. 예수님께서 말씀하셨습니다. "무릇 내게 오는 자가 자기 부모와 처자와 형제와 자매와 더욱이 자기 목숨까지 미워하지 아니하면 능히 내 제자가 되지 못하고"(눅 14:26). 헌신된 제자를 만들지 않고 팬을 만들면 전쟁에서 질 수밖에 없습니다.

요약

나를 따라오라 내가 너희를 사람을 낚는 어부가 되게 하리라

마 4:19

1. 복음을 나누는 성도

우리는 그분의 말씀과 성령을 통해 주님과 동행함으로써 하나님의 나라의 대사가 되었습니다. 우리는 하나님의 나라의 복음을 나누기 위해 삶의 현장으로 보내심을 받았습니다.

2. 제자를 만드는 제자

주님은 함께 살면서 친밀한 관계를 가지고 열두 제자를 훈련하셨습니다. 제자들은 주님이 주신 사명에 헌신하였을 뿐만 아니라 다른 사람들도 자신과 같이 제자를 만드는 제자로 만들었습니다.

3. 교회를 세우는 교회

제자로 훈련할 목적을 가지고 영혼을 구원하여 훈련함으로써 우리는 그리스도의 교회를 세울 수 있고, 모든 사람은 자신의 은사를 통해 교회를 세우는 데 헌신해야 합니다.

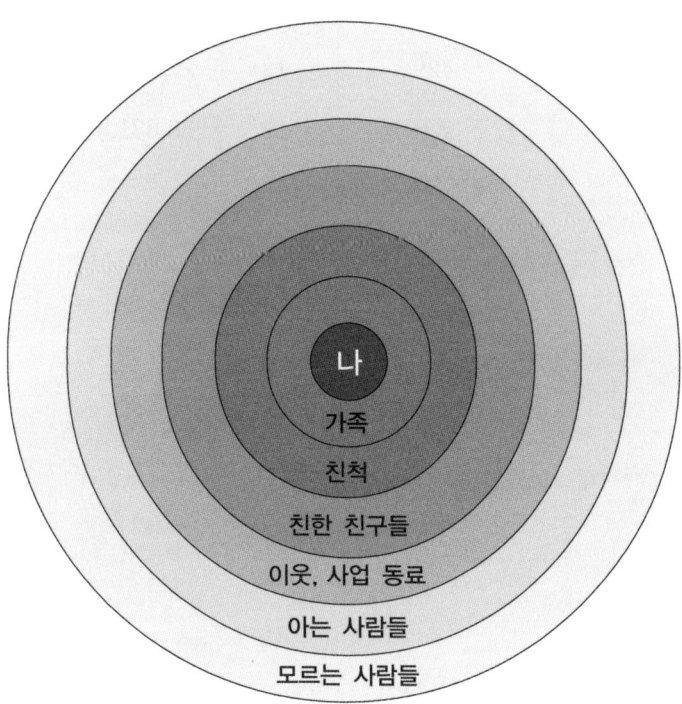

● 복제 배가의 원리

3^n	12^n
$3^1 = 3$	$12^1 = 12$
$3^2 = 9$	$12^2 = 144$
$3^3 = 27$	$12^3 = 1,728$
$3^4 = 81$	$12^4 = 20,736$
$3^5 = 243$	$12^5 = 248,832$
$3^6 = 729$	$12^6 = 2,985,984$
$3^7 = 2,187$	$12^7 = 35,831,808$
.	.
.	.
.	.
.	.
.	.

믿음의말씀사 출판물

구입문의 : 031-8005-5483 / 5493   http://faithbook.kr

■ 케네스 해긴의「믿음 도서관」책들
- 새로운 탄생
- 재정 분야의 순종
- 나는 지옥에 갔다 왔습니다
- 하나님의 처방약
- 더 좋은 언약
- 예수의 보배로운 피
- 하나님을 탓하지 마십시오
- 네 주장을 변론하라
- 셀 모임에서 성령인도 받기
- 안수
- 치유를 유지하는 법
- 사랑은 결코 실패하지 않습니다
- 하나님께서 내게 가르쳐 주신 형통의 계시
- 왜 능력 아래 쓰러지는가?
- 다가오는 회복
- 잊어버리는 법을 배우기
- 위대한 세 단어
- 하나님의 은사와 부르심
- 그 이름은 "놀라우신 분"
- 우리에게 속한 것을 알기
- 성령을 받는 성경적인 방법
- 하나님의 영광
- 은혜 안에서의 성장을 방해하는 다섯 가지
- 사랑 가운데 걷는 법
- 바울의 계시. 화해의 복음
- 당신은 당신이 말하는 것을 가질 수 있습니다
- 그리스도 안에서
- 말
- 방언기도의 능력을 풀어 놓으라
- 옳은 사고방식 틀린 사고방식
- 속량 – 가난, 질병, 영적 죽음에서 값 주고 되사다
- 네 염려를 주께 맡겨라
- 예언을 분별하는 일곱 단계
- 절망적인 상황을 반전시키기
- 당신의 믿음을 풀어 놓는 법
- 진짜 믿음
- 믿음이란 무엇인가
- 그리스도께서 지금 하고 계시는 일
- 충분하고도 넘치는 하나님 엘 샤다이
- 금식에 관한 상식
- 하나님의 말씀 : 모든 것을 고치는 치료제
- 가족을 섬기는 법
- 조에
- 당신이 알아야 하는 신유에 관한 일곱 가지 원리
- 여성에 관한 질문들
- 인간의 세 가지 본성
- 몸의 치유와 속죄
- 크게 성장하는 믿음
- 하나님 가족의 특권
- 기도의 기술
- 나는 환상을 믿습니다
- 병을 고치는 하나님의 말씀
- 영적 성장
- 신선한 기름부음
- 믿음이 흔들리고 패배한 것 같을 때 승리를 얻는 법
- 믿음의 선한 싸움을 싸우는 법
- 하나님의 계획과 목적과 추구
- 예수 열린 문
- 믿음의 계단
- 당신을 향한 하나님의 계획
- 역사하는 기도
- 기름부음의 이해
- 내주하시는 성령 임하시는 성령
- 재정적인 번영에 대한 성경적 열쇠들
- 어떻게 하나님의 영으로 인도받을 수 있는가?
- 마이더스 터치
- 치유의 기름부음
- 그리스도의 선물
- 방언
- 믿는 자의 권세(생애기념판)
- 믿음의 양식
- 승리하는 교회

■ E. W. 케년
- 십자가에서 보좌까지 무슨 일이 일어났는가?
- 두 가지 의
- 놀라우신 그 이름 예수
- 하나님 아버지와 그분의 가족
- 나의 신분증
- 두 가지 생명
- 새로운 종류의 사랑
- 그분의 임재 안에서
- 속량의 관점에서 본 성경
- 두 가지 지식
- 피의 언약
- 숨은 사람
- 두 가지 믿음
- 새로운 피조물의 실재

■ 스미스 위글스워스
- 스미스 위글스워스의 천국
- 스미스 위글스워스의 매일묵상
- 위글스워스는 이렇게 했다
- 스미스 위글스워스의 능력의 비밀

■ T. L. 오스본
- 행동하는 신자들
- 기적 - 하나님 사랑의 증거
- 새롭게 시작하는 기적 인생
- 좋은 인생
- 성경적인 치유
- 능력으로 역사하는 메시지
- 100개의 신유 진리
- 24 기도 원리 7 기도 우선순위
- 하나님의 큰 그림
- 긍정적 욕망의 힘
- 당신은 하나님의 최고의 작품입니다

■ 잔 오스틴
- 믿음의 말씀 고백기도집
- 하나님의 사랑의 흐름
- 견고한 진 무너뜨리기
- 초자연적인 흐름을 따르는 법
- 당신의 운명을 바꿀 수 있습니다
- 어떻게 하나님의 능력을 풀어놓을 수 있는가?

■ 크리스 오야킬로메
- 방언기도학교 31일
- 여기서 머물지 말라
- 이제 당신이 거듭났으니
- 당신의 인생을 재창조하라
- 이 마차에 함께 타라
- 그리스도 안에 있는 당신의 권리
- 성령님과 당신
- 성령님이 당신 안에서 행하실 일곱 가지
- 성령님이 당신을 위해 행하실 일곱 가지
- 기적을 받고 유지하는 법
- 하나님께서 당신을 방문하실 때
- 올바른 방식으로 기도하기
- 당신의 믿음을 역사하게 하는 법
- 끝없이 샘솟는 기쁨
- 기름과 겉옷
- 약속의 땅
- 하나님의 일곱 영
- 예언
- 시온의 문
- 하늘에서 온 치유
- 효과적으로 기도하는 법
- 어떤 질병도 없이
- 주제별 말씀의 실재
- 마음의 능력

■ 앤드류 워맥
- 당신은 이미 가졌습니다
- 은혜와 믿음의 균형 안에 사는 삶
- 하나님의 참된 본성
- 하나님은 당신이 건강하기 원하십니다
- 영·혼·몸
- 전쟁은 끝났습니다
- 믿는 자의 권세
- 새로운 당신과 성령님
- 노력 없이 오는 변화
- 하나님의 충만함 안에 거하는 열쇠
- 더 좋은 기도 방법 한 가지
- 재정의 청지기 직분
- 하나님을 제한하지 마라
- 하나님의 뜻을 발견하고 따라가며 성취하라
- 하나님의 참 본성

■ 기타「믿음의 말씀」설교자들
- 성령의 삶 능력의 삶
- 복을 취하는 법
- 주는 자에게 복이 되는 선물
- 믿음으로 사는 삶
- 붉은 줄의 기적
- 당신이 말한 대로 얻게 됩니다
- 예수-치유의 길 건강의 능력
- 성령 안의 내 능력
- 믿음과 고백
- 임재 중심 교회
- 성령충만한 그리스도인의 지침서
- 열정과 끈기
- 제자 만들기
- 어떻게 교회를 배가하는가
- 운명
- 모든 사람을 위한 치유
- 회복된 통치권
- 그렇지 않습니다
- 당신의 자녀를 리더로 훈련하라

■ 김진호·최순애
- 왕과 제사장
- 새로운 피조물의 실재
- 믿음의 반석
- 새 언약의 기도
- 새로운 피조물 고백기도집(한글판/한영대조판)
- 성령 인도
- 복음의 신조
- 존중하는 삶
- 성경의 세 가지 접근
- 말씀 묵상과 고백
- 그리스도의 교리
- 영혼 구원
- 새로운 피조물
- 믿음의 말씀 운동의 뿌리
- 1인 기업가 마인드